心灵独白

Voices from my Heart

心灵独白

Voices from my Heart

黎杨 著

Acer Books

心灵独白（红枫丛书之九）
作者：黎杨
封面摄影：黎杨
人像摄影：散文散片
出版：Acer Books

书号：978-1-7381938-0-6

红枫丛书
策划：黎杨
设计：陶志健

Voices from my Heart
Author: Li Yang
Cover Photo: Li Yang
Portrait: Lisa Liu
Publisher: Acer Books

ISBN: 978-1--7381938-0-6

E-mail: acerbookscanada@gmail.com

目 录

给自己

浅浅淡淡的记录，无序、琐碎、任意；
一个个生活的横截面，在零散的文字间，
跳跃——

站在宇宙的高度，俯视灵魂的深度，
走进自己，一本打开的书。

自序

自序，是自己给自己写的序，对应“独白”。

有一种文字，从心里生出来，无数个我在心海里奔跑，面对星辰大海，浩瀚宇宙，自顾自地说话。也许，这就是我理解的“独白”。

许久以来，厌倦世俗中的凡尘，喜欢一个人背起包就走的旅程；喜欢罗伯特·金凯的“幽远、深邃、孤寂，一个人赶路，心中装着无以言说的苍凉与绝望”；喜欢“我是大路，我是远游客，我是所有下海的船！” 永远在路上，似乎是刻在骨子里的基因，不可更改。一个人的空间里，什么都可以不做，放飞所有的意念，只望星河璀璨，足矣！

童年的时候，常听大人们说我：“这丫头格路，太独了！”不解其意。进入文学杂志社报社后，周边的人把我归为“另类”，说我是“最后的牛仔！”那时年轻，依旧不解其意，但总觉得与这个俗世的人间格格不入。大学老师用“你永远是黑格尔的‘这一个’”给我做了毕业评语。Why? 就这样懵懵懂懂步入中年。在文化圈子里一混三十余年，“另类”，似乎是贴在我身上扯不掉的标签。没有人了解真正的我，我也不理解世俗中的他们。孤独，仿佛是与生俱来的伙伴。由此，自己与自己对白。

突然有一天，在北美，我读到一篇关于雌雄同体的文章。

文章说，人熬到一定的境界，便可雌雄同体。他中有她，她中有他，不再需要另一半，即可完成一生。这让我想起十多年前在法国卢浮宫里看到的那尊雕像，两米多长的白玉石座上，横卧一位裸体的美人，她的胸前是一双丰腴的乳房，下身却长着一个雄壮的男性生殖器。那时的我以为是雕塑家的误笔。殊不知，那是雌雄同体。那位雕塑家是在用作品向世人述说他的理论思想。

三十多年，回头看，一个人走了那么远的路。跨海越洋，从亚洲到欧洲到非洲，再到北美，说的最多的，是独白。

就独白吧！

是为序。

2024 年 4 月于 Montreal

心灵独白

“幽远、深邃、孤寂，一个人赶路，心中装着无以言说的苍凉与绝望。”

“我是大路，我是远游客，我是所有下海的船！”

——题记

暮年里的春天是什么颜色？

你可以告诉我吗？春雷！

穿过岁月的烟尘，我想与天地对话。

站在宇宙的中心，我想去体悟什么才是人类的悲悯？

地心引力是不是一个设计？我们是不是被关在地球上的囚徒？

有人说，一切都是光。那么，光到底是什么呢？

2024 年 4 月 8 日，加拿大 Montreal 出现了百年一遇的日全食。政府发放 15 万个特制眼镜给市民。

这一天，万众瞩目。

午后二点多，月亮开始向太阳移动，一点点将太阳拥抱在怀里，直到完美重叠。霎时，天空突然暗下来，漆黑一片。

举头望去，一枚圆圆的墨色围棋子挂在天上。不可思议，像极了科幻大片中某个特效场景。

天地，日月要干什么？让那些球串在了一条线上，形成这诡异的天象。谁的设计？

次日，正赶上出报，写小诗明示。

异象•婚礼

是异象，还是百年一回的相遇
太阳与月亮，阴与阳的交合
男人与女人，宇宙的婚礼
一枚环形戒子，款款
锁住了天地，苍穹里

月球到底是什么？

“月球围绕着地球，其实才是宇宙中最大的阴谋。”

Whoa，这也太恐怖了吧？！

英国科学家大卫•艾克在“月球矩阵论”中提出，月球是一个会释放人脑电波的装置器；天文学家罗宾•布列说，解释月球存在要远比解释月球不存在难上千倍。难道月球真的是高级文明，人类不过是它阶下的囚徒吗？太不可思议了。从古至今，多少文人墨客用月亮做诗，把月亮比喻为纯洁的爱情，等等。似乎一切美好的事情都与皎洁的月光有关。突然它变成了一个超大的监控器，你还认为月亮那么美丽可爱吗？

也许，一切至美的东西都有它另外的一面，只是我们不知道罢了。

其实，写作是我们坐下来时，找到的那个最接近自己的路径。

有时冥想，也是一种激发灵感的方法，就像小时候，躺在被窝里睡不着时，自己给自己编的故事、放的电影。海阔天空，信马由缰，从地球内到地球外——

那么，为什么要写作呢？

伍尔夫[a]曾说："写作可以逃离自身的牢笼，通往终极的探险之旅，以他人的视角观看人生。"

的确，写作能让人逃离眼前暂时的苟且，抛去生活中的杂陈，打开一条心路，与远方的天宇对接，去你向往的地方。在那个想象的空间里，你是公主，你是王，你会变成一条鱼，游走在自己多维的时空里。说到底，写作是一种记录，用另一种形式记录下现实与非现实中的影相，记录人类在地球上走过的足迹。

文学拯救不了地球，也拯救不了人类，文学救赎的是自己，是人性。

在某种意义上，写作，是地球人自己给自己找的一种自我安慰，一个心灵的出口。

---

[a] 弗吉尼亚·伍尔夫（Virginia Woolf，1882—1941），英国女作家，文艺理论评论家。被称为二十世纪现代主义女性主义的先锋。曾被称为一战与二战期间伦敦文学界的核心人物。代表小说有《到灯塔去》《雅各的房间》《奥兰多》及散文《自己的房间》。

作家卡佛[a]说，“每个人都注定了是旷野里的寂寞。”所以，有时写作是一种活下去的暖房，是做自己灵魂的摆渡者。

当太阳升起的时候，整个大地被照耀得光芒万丈。也许，有时候我们写作是因为我们需要心里的那轮太阳升起来。比如，在你人生的至暗时刻，你想寻找那束光，所以，你拿起笔——

台湾女作家齐邦媛先生的小说《巨流河》在大陆火了，在她逝世之后（2024 年早春）。《巨流河》是她在八十岁高龄时创作的一部小说。随后，网上传出她的一个个短视频，才知道她出生在中国辽宁，“巨流河”是她故乡的一条河，辽河。古代时称其为“巨流河”。

“我真的发现我过了八十岁，到了一个人家说的绝境，我觉得是个绝境，但我还可以做一点有意思的事。其实我写的是大家的故事，我想的是许多许多人的事情。我不甘心叫那些人的一生，从生到死白白地活了。所以我写给大陆版新的序，我说我所纪念的是一个最有骨气的中国。抗战八年，是我记得中国人最有骨气的时候，我所要写的是最有骨气的中国。我是一个很有骨气的人，也很喜欢看大家做有骨气的事，浑浑噩噩的人太多了。我所要传递的就是这个，我所希望的就是这个。希望我的朋友，我的学生，学生的学生，传

---

[a] 瑞蒙·卡佛（Raymond Carver，1938—1988），美国二十世纪下半叶最重要的小说家。他是简约主义的大师，是继海明威之后美国最具影响力的短篇小说作家。

的就是如何一个人从 10 岁 11 岁到 100 岁，心灵不空虚……我这本书是给大家做一个纪念，纪念一个有骨气的中国。那个中国实在是很倒霉，可是真有骨气。”（根据视频整理）

先生的一席话，让我很震惊。许久没听到这么发自内心有骨气的话了，一位老人。家国情怀在她那里是一种生者的责任，也是一种步入“绝境”时的精神重生。她把他们一个个地写出来，让那些英魂跃然纸上，传递给后人。那是一个民族的魂！

抗日战争，让我想起母亲，一位手持双枪叱咤沙场的女政委，想起未曾谋面，为国战死疆场的两个舅舅。他们是最有骨气的中国人！

齐先生用她的笔，写下了中国最值得纪念的一段历史。

《巨流河》的大火，是对先生最好的祭奠！

海子的纪念日——

“我有一所房子，面朝大海，春暖花开。”

海子的这句诗，曾让我在海边买下一套小房子。我在那里读书写作，望着窗外不远处的海面，一涌一涌的海浪花。

2024 年 3 月 26 日，是海子的纪念日。这一天，是他走后的第三十五个年头。

1989 年 3 月 26 日清晨，二十五岁的海子整理好自己的手稿，打扫完屋子，留下遗言后独自走向了冰冷的铁轨，踏上了那段通往另一个世界的天梯。

火车驶过，年轻的诗人永远定格在了那个春天！

我读到这样一段文字："在海子去世的周年里，有人到他的家乡去扫墓，有人到山海关的铁轨旁凭吊他。他的诗又一次地出版了，几乎每一个大城市都有关于海子的诗歌朗诵会。在这个物质空间欢愉，精神却遭遇尴尬的年代里，再次翻开海子的诗文，或许除了纪念，还有另一种意义。"

一个人走了那么久，还让世人怀念着，这是一种幸福，也是一种慰藉吧！

……

从明天起，

做一个幸福的人，

劈柴喂马周游世界。

从明天起，

关心粮食和蔬菜。

……

我的理解：这是海子的一首绝命诗，是他在绝望中告别这个俗世，告别那个女孩，告别内心那段感情的独白，是他留给这个世界最后的诗篇，也是他的千古绝唱！

如果他不走，是不是他不会写下这首让他成名，让他家喻户晓的诗？如果那个女孩不离开他，如果那个叫多多的人不批判他的长诗，海子还会去卧轨吗？

如果他没走，他还是现在的海子吗？

今天的海子，是他用命换来的。

一个个链条在冥冥中把生命串起来，完成一个圆，一个轮回。

只是他，做了天国里的孤独者！

用他的《九月》祭奠他

目击众神死亡的草原上野花一片

远在远方的风，比远方更远

我的琴声呜咽，我的泪水全无

我把远方的远归还草原。

我曾编发过他哥哥纪念他的文章，在国内一家文学杂志社工作时。

加拿大 Montreal 大秦景教流行中国碑复制碑修复揭幕。

这是一个有百年历史的中国石碑，它默默隐于加拿大麦吉尔大学（McGill）的角落里多年，终于，在几位中国专家的精心修复下，这块石碑得以重见天日。

2024 年 3 月 23 日这天，Montreal 春雪纷飞，倒春寒让本是春意盎然的大地瞬间雪花曼舞。但这并没有影响 McGill 大学宗教学院在 Birks 大楼举行的大秦景教流行中国碑复制碑修复揭幕仪式。

大秦景教流行中国碑 Nestorian Stele（或称 Xi`an Stele）造于公元 781 年，是一座记述景教在唐代流传情况的石碑，原件现藏于西安碑林博物馆，与埃及罗塞塔石碑 Rosetta Stone、约旦摩押石碑 Moabite Stone、墨西哥阿兹特克太阳历石 Aztec Sun Stone 并列世界四大代表性碑刻。

看着宗教学院院长 Garth Green（西人）站在主席台上，对我们中国文化的赞赏和肯定，心中有一份自豪与欣慰。

漫天大雪，风雪交加，少有的凛冽。

我凝视那石碑上盘卧着的两条青龙，猛然想起中国一句老话：龙行必有雨！

今天看到马斯克的SpaceX公司完成了星舰的第三次试飞，成功点燃了33台猛禽发动机，并且完成预定的一二级分离测试。据报道说，不久的将来，马斯克的第一批星舰将抵达火星，其中一艘星舰在火星上空展开舱门，将释放出100颗他第二家公司的卫星，在火星上空组建第一个通信网络，其余的星舰继续降落火星地表，放出无数个智能机器人……这是他的第三家公司。接下去是第四家，第五家，直到第九家公司。你可以乘坐Hyperloop超级高铁到达另一个星球，还可以——

这还是人类吗？地球人真的要移居火星了吗？

马斯克——

本是要去麦吉尔大学（McGill）参加一个活动的，早起拉开窗帘，竟然又回到了寒冷的冬天，白茫茫的一片。两天前还春雨沥沥，朋友说，这就是北美著名的“倒春寒”。

这鬼天气！我言。

这就是伟大的魁北克呀！朋友居然用了“伟大”二字。

我无语。

其实，人生中也时常会出现这种“倒春寒”。别怕，坚持一下，就春暖花开！

大自然在教我们呢。

早起读到一段："到了一定的年龄，人活的已经不是日子，而是被岁月沉淀后的心境，与万事言和，与独处相安，自行自省自清欢！"

而于我，似乎不符。年龄虽相合，但沉淀后的心境还是不能与万事言和，还是有着自己鲜明的底线，还是爱憎分明眼中不容沙子，心依旧高远，不愿与世俗违和。所谓的清欢不排除三五好友把酒言欢，伍于一群为生命找意义的人。

没想到经我策划陶志健博士整体设计的《红枫系列丛书》这么快就齐了，整九本。老九，我也。"九"不但是数字中的老大，它还囊括星辰大海，九字里有我沉甸甸的童年回忆。

这是我生命中一段很有意义的日子。与文友们，以对母语写作的热爱，以对文学不老的情怀，创作在北美！

整理书稿，出版我在海外的第一本书——《心灵独白》，给自己。

刷到一个关于马斯克的短视频。

"总有一些事点燃你的内心！"马斯克用拳头捶着胸口对采访他的记者说。

记者问马斯克：当你已经连续失败了三次，你是否觉得要就此打住？

马斯克回答：No. 绝不放弃！

记者又问：Why？

马斯克回答：我永远不会放弃。我认为，只有死亡与疾病会阻止我。

记者问：你为什么不在沙滩游艇上喝着鸡尾酒享受人生呢？

马斯克回答：难道是为了解决生活琐事吗？总有一些事点燃内心！金银珠宝、权力地位，我不在乎。

马斯克说得那么淡然，似乎带着人类飞向宇宙才是他来到地球的目的。

“I don’t know care.”他淡然地对记者说。

“I don’t know care！”又一次被马斯克打动！

这是 2024 年北美的早春。这时的马斯克已经带领他的团队准备向火星输送地球人，并成功地把芯片植入人脑，智能机器人已经开始走进家庭……

说马斯克是上苍派来拯救地球的，一点没错。我甚至不相信他怎么会是一个肉体的人类？他是神，他是上苍派来拯救人类的神！

“他的内心是被拯救人类的使命点燃了，我们的内心是被拯救自己的文学点燃了！”那天，我对文友 Qing 说。

一位中年男人侃侃而谈人活到 50、60、70 岁的状态。减，不停地做减法。从 50 岁开始，最后如果你幸运活到了 70 岁，那就要把自己一生的所有减到一只手提袋子里，随时能提着就走。如果哪一天你挂了，孩子们也只需扔掉那只手提袋而已，名曰：“后事从简，不给孩子留麻烦。”

My God! 这人生活的，怎么跟赶场子似的呢？！

关于古尔纳——

坦桑尼亚裔英国小说家阿卜杜勒·拉扎克·古尔纳(Abdulrazak Gumah)去中国了，应中国上海译林出版社的邀请。上海译林出版社引进翻译了他10本书，这是他来中国的原因。邀请他去中国见读者，是非常有效的促销手段，从图书市场运作的角度来说。

他是2021年诺贝尔文学奖获得者，1948年出生，长我10岁。

他的代表作品：《离别的记忆》《朝圣者之路》《多蒂》《天堂》《海边》《赞美沉默》《遗弃》《最后的礼物》《砾心》《来世》。

其实，他是在用苦难写一个人的流亡，从外在的现实存在形式到心灵的漂泊和回归。寻找家园、寻找归属感，就是最好的诠释。当然，社会的大背景是殖民主义、战争和流离失所造成的挥之不去的创伤！

他的作品内容大多发生在东非沿岸，主角多来自桑给巴尔。

他的作品主题，包括流亡、流离失所、归属感、殖民主义及国家背信弃义。

其中，《赞美宁静》《海边故事》和《遗弃》都关心“移民所产生的疏离和孤独情绪，以及其所衍生的关于支离破碎的身份及家”的意义问题。有分析家观察到，古尔纳的角色移居海外后并未获得成功，时常用反讽和幽默来面对他们的处境。有人认为，古尔纳在作品中深入解析非洲移民面对当代社会普遍存在的殖民和种族主义余孽时的痛苦与迷惘，用异化的人物性格影射现今英国社会的脆弱面。

"在殖民主义的影响，以及在不同文化与大陆之间的鸿沟中难民的命运下，流露出毫不妥协和富有同情心的洞察力"。这应该是诺贝尔文学奖的颁奖词了。

我似乎理解了他的"在政权面前保持沉默，是不愿为奴的尊严"这句话。

在北美这个早春与古尔纳相遇，是不是上帝的旨意呢？

他的创作路径似乎提醒了我。他的苦难与我们的苦难形式上不同，发生地不同，但其"苦难"本身来说 Me too。只不过他的苦难发生在非洲的东海岸，我们的苦难发生在亚洲中国版图上。"满洲国"、"开拓团"、"九一八"……

似乎找到了一条破解多年的迷惘创作之路。

我可以试试。

世上所有的相遇都带着它的使命，不论人与人，还是人与书。

他沉稳的外表有点儿孤傲，穿着朴素，双目深邃且高冷。我想那应该是童年或青年时期的流亡生活给他留下的心底伤痕。他 1948 年出生在桑给巴尔苏丹国，2021 年获诺贝尔文学奖。他用日记的形式记录下身为难民漂泊异乡的感受。后来，这些故事在他写博士论文时，被汇编成他的首部小说《离别的记忆》。这篇小说为他在以后的诸多作品中持续探索"殖民主义、战争和流离失所造成的挥之不去的创伤"的主题奠定了基础。

他在十八岁时被迫开始逃亡，之后数年，历经苦难，直到 1968 年他赴英国留学，后成为一名作家。

“回不去的故乡与容不入的他乡，在进退两难之间，成了格格不入的异乡人。穷尽一生寻找身份，寻找家园，却最终被两种文化都抛弃。”

是的，被迫逃离和自动逃离，都是离开了原有的故乡。在这点上，我们跟他有着可以共情的移民元素。怎样看待固有的身份，如何重新认识家园，寻找心灵的归属地，这也是我们面临的课题。

文学的伟大和伟大的文学，永不会被时间与繁琐的生活淹没，即便是科技发展到了 AI 时代。

文学恰恰是记录下那些正在撕裂的，不愿看也不忍心再看的生活真相。这是一位作家应该有的社会责任和义务。

其实，从事文学创作是件极其奢侈的事。首先，你要不因生活所累，有足够养活自己的能力；其次，你还要不为名利所惑，一心追求心之所愿。

倚在生命的脊背上，灵魂无从需求。拖着沉重的思想奔跑时，灵魂露出诡异的窃笑。

秋山的雨滴，淋湿了岁月的蓑衣。月光下，生命在翘首企盼与灵魂的相聚。那一捻的执着，红了枫林，绿了草地，只是亏欠了命运的赠与。

Dy 从南极回来，带回了影带，那视频直击心灵。

那是地球上唯一没有国度的地方，它属于全人类。突然想起老庄的一段话："天地有大美而不言，四时有明法而不议，万物有成理而不说。"

那才是真正的自由之地。自由的冰山，自由活着的企鹅，自由畅游的鲸鱼，自由飞翔的鸟儿……

美哉，壮哉！

数日绵绵阴雨+雪花曼舞被撞击成粉，心思也在蠢蠢欲动——去南极！

2024 年 3 月 10 日，这注定是不寻常的一天。

昨天下了一整天的雨，马路上的积雪早已融化殆尽，只留下庭院里为数不多的残雪。草皮显露出来，泛着绿莹莹的色泽，有一种就要春回大地的错觉。

夜里却又飘了一夜的雪，轻柔柔的。早起站在窗前向外望，白茫茫的一个童话世界。有种雨雪两重天的感觉。

从雨到雪，要走多远的距离？

从雪到雨，要走多远的距离？

与朋友感叹这北美天气的莫测，朋友说，这就是神奇的魁北克呀！

Wow——

霎时无语。

加拿大的三·八妇女节

2013 年 10 月 10 日，瑞典皇家学院将那一年的诺贝尔文学奖颁发给了加拿大女作家爱丽丝·门罗（Alice Munro），并评价她为“现代短篇小说大师”。她是第一位加拿大籍获奖者，也是第十三位女性获奖作家。我所不知道的是她在温哥华岛上的维多利亚小城里多年前创建过一个书店，就叫：门罗书店。很出名。每年的三月八日，人们都会用罗门书店做短视频，从各个方面赞赏门罗的文学成就和这家书店的历史与如今的辉煌。

我曾在那个花园似的小城 Victoria 住过一阵子，与一位西人洋博士，我们用中文谈天说地，从中国聊到北美。他出生在加拿大一个资本雄厚的军人家庭。上中学时，他的父亲带着全家移民美国，他固执地留在加拿大，并在高中毕业时迷上了亚洲文学，对古老的东方充满了向往。后来他违背父母的意愿，报考了亚洲文学，直至博士毕业。后来他在新西兰、在中国北大、上海外国语学院当外教。他说那是他人生中最美好的一段时光。

我不知道那时他是否知道在这花园似的小城中有一间门罗书店，有一位获诺贝尔文学奖的女作家？那段日子，我最多的时间是被他邀请去听巴洛克音乐。然后，我为他翻译的大词典做中国部分的解读。

视频中，那书店好大，门脸也气派。高高的屋顶，彩绘的玻璃窗，一排排的书架像一条条盘卧的长龙，稍不留神，就会腾空而起——

只是那时，我与它错过了。

今天惊蛰。

……

那一刹，她哭了，哭得很任性。多么委屈的一个灵魂，才能释放出那样的一种哭声？蛰伏在肉体樊笼里的灵魂是没有自由的，更无法逃脱。此刻，那哭声带着强大的音频。还有比灵魂的哭泣更让人震慑的吗？

灵魂哭泣得像个孩子，紫色的委屈堪比"布列瑟侬"。

惊蛰这天，蜷伏在她身体里的那个灵魂醒了，撞击，却找不到出口。终于，当玫瑰色的晚霞浸染西天的时候，随着波流的颤动，她冲向雪峰，在最高处将自己放飞，如一朵冰山上绽开的雪莲花。

随之，她瘫软下来，伏于雪面上的瞬间，她的身体由于哭泣不停地抽搐，绝望在山崩地裂里挣扎——

这是她的惊蛰。

这是我的小说。

三月第一天，傍晚带 Sophie 开车送 Jessica 去芭蕾演出，在一个教堂旁的大剧场里。距离演出还有一段时间, Jessica 去彩排，我和 Sophie 来到教堂广场。

斯时，玫瑰色的晚霞染红了西天，从教堂的侧面望过去很美。天幕上，一排排雁阵穿过霞光奋力地向我们飞来……

大雁回来了！Sophie 指着雁阵喊。

好大的雁阵，一群又一群，一排又一排，它们在空中不停地变幻着队形，鸣叫，仿佛在回应 Sophie。

春天到了，大雁就回来了！我说。

“姥 Li (她总是这样喊我)，你看，那两只大雁掉队了，可能是姐姐和妹妹，姐姐陪着妹妹，让她快点飞。”

我用目光预测着它们赶上大部队的距离，后面又陆续飞来一些零散的雁儿。从南方到北方，跨越千山万水，那么绵长的迁徙，需要付出怎样的努力才能飞回来呀！

大雁和人类一样，都要为了生存，与大自然和解。

有几位西人开车过来，大门被锁上了，他们进不去，Sophie 跑过去给他们指出旁边的通道。一位西人妇女笑盈盈地夸 Sophie：“Good job. Thank you!”

看得出，Sophie 很开心。

给予有时比得到更让人愉悦，不是吗？

2024 年 2 月最后的一天是周四。前一天傍晚开始下雨，紧接着狂风大作，暴雨倾盆。三月的寒带竟然下起了雨？

大雨倾盆，噼噼啪啪打在玻璃窗上，很响。两个小时左右，所有的光亮刹那间全断掉，停电了。

好在报纸已经在 5 点之前下到了印刷厂。

莫明其妙的暴雨，零上 14 度的气温，各家的庭院里堆积的冬雪还残存着，春天就要来了吗？

这场北美的立春雨，像极了莫测的人生。

今天出报，又是一期，日子过得真快！

雪还在下，窗外白茫茫一片——

文字是一种行动，行动亦是一种思想。你认同吗？

Sophie 今天跟我在家，我在电脑前编报纸，她在自己的小桌子上画画。

她为我做了三块方形的纸板画。两张是我拉着她的手，两手中间画有一颗心。两张画上的她明显不一样大，（从小到大）。第三张是我躺在病床上，长大的她站在一边照顾我。三张画的背面是很洒脱的连笔法语，（她说是她跟妈妈学的）。每一张上面都写有："I Love you!"

Sophie 一张张讲给我听：第一张那时她还很小，姥 Li 牵着她的手，那时候姥 Li 还很年轻；第二张写着她爱姥 Li，她心痛姥 Li 每天做那么多工作，干那么多的家务活；第三张是她已经长的很大了，姥 Li 很老了，住在医院里，她一边在病床前照顾姥 Li，一边心里难过。第三幅画的上方还有一个小图形，她说是医院给我检查血管用的仪器。

我竟被她这三幅儿童小画感动得泪流满面。

Sophie 抱着我的头，用衣袖帮我擦眼泪。

这时的 Sophie 六岁。

今天（2024 年 2 月 26 日），早起，窗外竟然落了一夜的雪！霎那间，又回到了纯白的童话世界。这之前，下了一冬的雨。立春了，却又落起了雪。按中国的年意（农历），初七是人日子，人日子的今天降温、落雪。难道老天爷知道今天是初七吗？故意落雪吗？想起莫言说的那句话：人类的好日子不多了！

今日立春。

2024 年的春天似乎来得比往年早些。

感觉北美真正的冬雪才刚刚开了个头，春汛就来了。

Montreal 古老的土拨鼠探春的节目又要上演了。

那天，我对她说：快乐不是一种性格，快乐是一种能力！

其实快乐很简单。约几位好友，假日里把酒言欢。畅谈人生风雨，切磋文学写意，使出全身的劲儿，吼一嗓子卡拉OK，管它在不在调上，只做自己的麦霸，只想自己的心事成河——

一群新报的作者们,一群在北美辽阔原野上的华裔文友们，就这样幸福欢快地活着。不去理会冰天雪地的寒冷，只寻人间的温度；挣脱生活中的繁杂琐碎，给自己的心灵放个长假，洗个澡，沐浴阳光。拉起手风琴的同时，把童年、少年、青年歌唱，找回那时的激情与理想，找回岁月流淌。

吉它声声，把我们拽回难忘的大学校园，青涩的玫瑰芬芳。谁没有初吻的回忆，谁没有初涉爱河的慌张？岁月长河中，我们一步步成长！

从少年到中年，从中年到老年，从国内到海外，我们，快乐地生活着，一直到老！

一个人的一生究其本质是怎样呢？越活越感到超然了许多，却也困惑了许多。在这个地球上生生不息活着的人类，包括自己，我们到底是谁？从哪里来，往哪里去呢？人生貌似一封从邮箱发出却永远没有回音的邮件。AI 时代的到来，更加速了地球人的自我毁灭。生如蝼蚁，也许在造物主的眼里，我们连蝼蚁都不如呢。这贪、嗔、痴的人类，这肉体不能脱俗的人类哟，永远是造物主那里最低等的生物也！

任性自由地活着，是对自己人生最负责任的状态。这应该是我多年的活法，但并不适合所有人。任性和自由的背后，需要一个强大的支撑。就像女作家罗门小说《出走》里的女主人公，有出走的决心，但没有出走之后的生活能力，经济能力，最后也只得退回到原点。

一个人的旅程。

又回到一个人独来独往的日子里。

这状态好极了！

很想去世界流浪，到一个个没有走过的地方。阅尽人间繁华，看尽世间美景，忘掉所有生活烦杂，一个人远走天涯。

一个人走的日子会是什么样？会害怕吗？如果连生死都放下了，还会害怕吗？

做一个永远走在路上的行者吧，不论天涯海角。

这注定是一次我要一个人走的旅程，不管你信不信，也不管我愿不愿意。二维空间里的我们只能看到肉眼所及的视线，而地球人是无法逃脱命运安排的，所谓的“命运”又是什么呢？是谁在操控这一切？这里面隐藏着怎样的玄机？这是禅学、佛学、道家以至于人类目前所掌握的科学所不能破译的。说到底，地球人就是地球人，而已。

行走，让我从繁杂的生活中抽离，非洲大地上的思考，清除了脑中放不下的执念和污浊，站在撒哈拉大沙漠的夕阳里，与曾经的自己，与远走的三毛对话时，世界竟如此干净，一切都是那样云淡风轻，如风——

卡萨布兰卡，撒哈拉大沙漠，三毛，地中海，这些字符仿佛就像我生命中的命符，不知从何年深深地嵌进了我的血脉，它们让我有一种别样的，超越时空的情怀，就像当年我背起背包独自跑到中越边境，登上湄公河的渡船。越南、西贡、湄公河、玛格丽特・杜拉斯…… 我似乎在和自己生命中的这些节点，一个个地去相识相逢。

我就那样带着对《鹰・乔治》创作的余痛，踏上了去非洲的旅程，我并不知道我能收获什么？破解什么？但我知道上苍让我走，一定有其道理。我背起包，像当年那样独自上路，横跨大西洋，山一程水一程。

跨年夜——

2023 与 2024 的跨年夜是在非洲的马拉喀什度过的。那是进入撒哈拉大沙漠的前夜。那个酷似中世纪的酒店很有个性。目睹了非洲女子火辣的肚皮舞，和非洲本土纯正的音乐，那晚，我们喝了当地自调的鸡尾酒。我在心里把它和古巴海滩上的薄荷酒做了比对。

说实话，100 美金的年夜饭真不咋样，但姑娘的肚皮舞跳得的确不错。

撒哈拉大沙漠——

夕阳将那连绵起伏的沙漠照得金黄泛着红色的光芒，站在沙丘的顶端，我不敢相信，这就是三毛和荷西生活过的地方，三毛笔下的撒哈拉。

旷达，寂寥，宁静，只有西落的太阳在那儿喧闹着。

我从沙丘的顶端独自下山，轻风曼舞，夕阳无限，一簇簇矮小的骆驼草零星地撒落在沙漠里，心中我与远去的三毛对话。云淡风清，一切如常，人世间的过往仍在继续，只是他与她去了永久的远方——

突然想到，人们对撒哈拉大沙漠的迷恋，不在这片沙丘上，而是一个情结，一个解不开的三毛情结！

此时的三毛在哪里呢？她是否会想到，这些热爱她的人到了她曾经和荷西生活的大沙漠里来看她，不远千万里。此时的荷西又在哪里呢？沙丘有知，能否传达这四面八方来的人们对他的敬意呢？

一切的曾经都被岁月掩埋在这无垠无际的沙丘下，无声却又如此有声地存在着。

我用在当地集市上买的小瓶子轻轻装进一些被夕阳照得金黄的沙子，郑重且小心翼翼地放进背包里，因为那里有撒哈拉的记忆，有三毛的故事。

离开撒哈拉的那天早上，我站在大门口望向那沙丘，心中充满了眷恋与不舍。

三毛啊——

“走过你走过的路，算不算相逢？”

“吹过你吹过的风，算不算相逢？”

地中海的早晨——

一觉醒来，感到浑身乏力，嗓子也有些痛。这是旅行的第六天，每天一个酒店，赶很多的山路，累了。

被室友叫醒，极不情愿地睁开眼。下床，拉开厚重的落地窗帘，地中海出现在眼前。好美，好静的一片海。一群海鸥，“呼啦啦”从晨阳中向着海边飞去，急切的样子让我充满了好奇。也许，它们窥探到我心中与地中海的秘密？

那远在法国北部小镇上画画的 KK，那地中海的等待，那理性的失约……

这次，是我的还债之旅吗？

哦，地中海！

大巴车在宽敞的柏油路上奔驰，路两旁是满园的橄榄树。我的眼前幻化出一个真实的画面：一位穿着长袍的老者，正在和蔼地回答一个问路的女孩子。

“Yes，你一直沿着这条路往前走，就到了。姑娘，你是从哪儿来的呢？”

背着双肩包，头戴一顶小礼帽的女子答：“台湾……”

老者：“哦，你走了好远的路哟，你要搭一个顺风车再走”。老者用手指着公路的方向。

女子双手合十，向老者致谢。

正冥想，耳畔传来导游 Lida 手机里三毛的歌声：

不要问我从哪里来，
我的故乡在远方。
为什么流浪，流浪远方？
为了梦中的橄榄树，
……

原来《橄榄树》这首歌是有出处的。

行程中，我不断地看到那组数字 11：11，我知道我的神在护佑我。整个团 22 人，（除去 2 名司机和一名导游）全部病过了，只有我和室友小胖子没病过。小胖子回来后昨天病了，而我却马不停蹄地勤奋工作着。

我知道，那是鹰，那是护我左右的神们在恭候我的重生。我是鹰·乔治，我是那只非洲大地上俯冲下来的墨黑老鹰！

据说，五百年的老鹰会在悬崖峭壁上，用嘴一根根拔掉身上的羽毛，再不停地在岩石上摔打它那坚硬的，长了厚厚茧的嘴，直至将那个厚厚的壳摔打（脱落）下来，老鹰要静静地卧在山崖上待上很长一段时间，等待身上长出新的羽毛和新的嘴壳来，这是鹰的重生！尽管蜕变是如此痛疼，但重生后的鹰又可以翱翔苍穹，搏击万里长空了！

蓝色小镇——

蓝色（Blue）是我生命的底色。很小的时候就知道。众多的颜色中，唯蓝色与我心心相印。摩洛哥的行程中，蓝色小镇是我们的打卡地。

早起，大巴车一路狂奔，经欧洲小城到达舍夫沙万市。蓝色小镇就在这个城里。我不知道是谁策划了这个奇妙的蓝色行动，整个小镇的房子都被刷上了海蓝色。

好蓝，雨中的小镇更像是一片海。山坳里的白色房子错落叠嶂，远远看去，更像是大海里的一片浪花儿，翻卷。

拾级而上，蓝色的小巷狭窄、甬长。有猫儿在悠闲地散步，晒太阳。

各式各样的纪念品店星罗棋布地沿着小巷摊开，我们下榻的酒店对面，商铺一个接着一个。

因为看了一个当地人手工制作的手鼓，我与另外两位队员落伍了。讨价还价之后，我在一个小店里买了一张画。同行者说那画上的人像我。画是开店的小伙子画的，我与他击掌合影，并以 20 美金的价格买下他那幅小画。我说我也爱画，那是我童年的梦想。

那小伙子笑得很灿烂，白白的牙齿。他非常热情地在画的后面用阿拉伯文字写下我的名字，写下留言。临别，我拥抱了他，心里散落着人间美好。

“不论生活给你什么，你都要欢天喜地的接受，尽管有时它会很痛。”这曾是我多年前讲写作课时一个很私人的观点。

那天，在新报作者群里，有人问我怎样才能写出《鹰 •乔治》那样的小说？我说，当你经历了生活的磨砺，友情的背叛，真诚被践踏，善良被亵渎之后，这种创作的意识自然就会浮出水面，尽管这个过程有些疼。

说到底这是一篇写人性的小说。

我是带着那份创作的余痛走进非洲，走进撒哈拉大沙漠的。当我爬上沙丘的顶端，站在被夕阳映得金黄的一望无际的沙漠之中时，整个世界是那样的纯真洁净，人也似乎被洗涤重生了一般。

我不知道那是不是宿命？在卡萨布兰卡机场返程时，我们的登机口明明是 A6，却在即将登机时被换到了 F11。当急匆匆赶过去，我看到前方悬空吊下来一只巨大的墨黑老鹰。我盯着它，似乎在破解它出现的意义？上苍想通过这只悬空俯冲的老鹰告诉我什么呢？

人往外走的时候，心是向内的。

也许，这就是行走的意义吧！

什么是人生？

人生就是从出生奔向死亡的这段过程。

生命是一次偶然。在偶然中幸存下来的生命，由襁褓中的婴儿到咿呀学语、到蹒跚学步，到走进课堂，到中年老年，最后来到那个集合地点。这就是人的一生。

活着到底为了什么？生命的意义是什么？意公子问。

我答：什么都不为，只是活着，为了活着而活着！生命本没有意义，所谓的意义是后天人类赋予的。七岁时我破译了它。它如荒原上的草，春天里发芽，秋天里枯萎，冬天里死去；春天里又发芽，秋天里又枯萎，冬天里又死去，循环往复。

生命是没有意义的。我在七岁时破译了这个命题，其间竟相隔了 57 年。

在这 57 个季节里，我像七岁时顿悟的那样，如荒野上的小草，春来发芽，秋来枯黄，冬来沉睡，或叫“死亡”。既然“向死”，那为什么还要“而生”呢？在“而生”的过程中，看时光流转，看世人为利追逐、彷徨、痛苦、挣扎。或贫穷，或富有，或为利争得头破血流，或为金钱出卖良知和友情……

比比皆是。就有了那句：“熙熙攘攘皆为名来，攘攘熙熙皆为利去。”最终都逃不脱奔向同一个终点。何必呢？每个人都这么想，而每个人又都做不到，放不下。

这就是肉体的人。

所有的人都到那个终点集合了，然后下一程是什么呢？又是一次偶然和向死而生吗？就如荒原上的草，冬来它枯，春来它生。一年又一年，没完没了，直至地球消亡。

强者，是看透了人生之后依然乐观地活下去！

早起翻书读到这段话："曾经以为老是一件很遥远的事情，突然发现年轻是很久以前的事了。时间好不经用，转眼已是半生。"

掩面竟有泪花。时光都去哪儿了？曾经的少年还历历在目，转身竟已是暮年！"生命都会老去，不老的只有岁月的晨钟。"但现在，我对这句自己说的话也产生了极大的怀疑。

所有的豁达都是经历过大痛之后的觉醒，所有的成功都是含着眼泪奔跑之后的掌声。就像快乐不是一种性格，而是一种能力一样。

时差七小时，让我又一次在 Montreal 凌晨中醒来。

排完了这期报纸的几块版，和北美中文作家协会的专版。排到散文时，竟然神不知鬼不觉地坐在椅子上睡着了！醒来发现腰杆还是直直的，双手还在键盘上。突然有一种"今朝酒醒何处？"的茫然。（笑）

与 Q 的一席谈。豁达冷静的姿态，那么庸长的一段羁绊。应该感谢鹰，是鹰给了我启示与力量，在我迷惘无力的时候给了我鹰的判断！

万物都是有灵性的，我与鹰很小的时候就有。

你是谁？几十年的风雨人生，桀骜不驯地活着，独往独来，天南地北地走着，没有人知道我的内心世界。也许，是因了那仅存的一点乡音吧！

突然间脑子里空空的。傍晚一个人出去散步时天已黑了，本想独自思考一些事情，但内心却是空的，空空荡荡！

今天是 22 号，冬至。我写下这些文字，这是一年中最强大的一天。一个新的太阳周期开始了，更多的光照进来，不是结束的结束，不是离开的离开。

2023 年岁末，雪天赴好友 Lisa 之邀，宅中与其对饮。

好友 Lisa 上海名媛，祖上大户人家，又嫁的老外，生得两毛孩子，生活小资且格调满满。席间，谈诗聊画，煮酒论道，很是投缘。不觉间，竟天幕昏暗，雪儿乱舞，飞沙走石般壮观。

路灯下的飞雪映着寂寂的天宇，独自赶路。

Lisa 说我是“黑夜里大雪纷飞的人”。Lisa 用木心的句子来装点我，让我再一次想起《风雪夜归人》那部老电影。

随后，著诗一首：

浅饮深酌　岁月成殇　　过往

在酒杯里流淌……

窗外，风雪交加　沙沙

屋内，把酒言欢　嗨嗨

“一天很短　一杯酒的距离”（Lisa 语）

一天很长　往事慵懒……

街灯下 ，飞雪狂舞　急驶
漫天的风雪，吱嘎的雪刷　声声
“甲壳虫” 孤独地在午夜的暴风雪中　穿行
你说，我是那个黑夜里大雪纷飞的人

一顿好酒　一场豪雪
引领整个严冬的脚步
又一次
风雪夜归人

山岚飘浮在山涧时，山是美的，朦胧的美中蕴有期盼，蕴有想象，蕴有无数个未知的美好！

山岚散去时，留下的只是裸露的嶙峋山体，没有纱幔的存在，真实就失去了想象，失去了那份对美的意念，失去了对未来所有的期待。

这就是残酷得不能再残酷的现实！

万物都是有定数的，只不过上苍不会提前把谜底告诉我们。当我们沿着事先安排好的路线跌跌撞撞地走过后，才发现，那么简单的路程，却让我们走得遍体鳞伤！

“水能载舟，也能覆舟。”当别人抬你时，你是个才；当大家都不理你时，你什么都不是。这就是社会的轮道。

纷纷扰扰的社会，泥沙俱下——

很正常，不必在意！

一群给生命找意义的人——

今天 KBK 文化沙龙开得很成功。之前在作者群里，文友 Sunny 说："每个周四，因为报纸的出刊，成了一个非常期待的日子。"

我回应："的确，周四被我们赋予了特殊的使命，它变成了一个期待，一个收获的日子！"

Sunny ："让您这么一说，突然想起一句话：生命本无意义，是我们后人赋予了它意义。"

我："说得好，我们是一群给生命找意义的人呢！"

Sunny ："一个人可以走得很快，但一群人可以走得很远，我们结伴同行！"

……

很感谢有这样一群热爱文学，执着母语写作的人，在这天高地远的北美，一起读书，一起创作，一起探讨人生。

读书会结束后，我写了一篇"一群给生命找意义的人"来总结这次的活动。

的确，生命本身是苍白的，无意的，所谓的意义不过是后天人们赋予的，而这赋予，不过也是为了让我们从生到死的这个过程不那么无聊而已。

这次的主题是获诺贝尔文学奖的加拿大女作家门罗的小说《出走》。这篇小说是由陶志健翻译的，我们《华侨新报》已经连载完毕。说起《出走》，谁的人生中没有几次想"出走"的念头呢？

Jessica 准备去上芭蕾舞课。望着她换好的舞蹈服和盘起的发髻，眼中满是欣赏与赞美！亭亭玉立的大姑娘了，举手投足间尽显文艺范儿。她热爱跳舞，紧张的学业也没冲淡她对芭蕾的喜欢，每周三堂舞蹈课，次次不落下。看得出她跳得很开心，很享受。

芭蕾是需要练功的，她从不怕痛。有一次，我半夜起来去她的房间查看，竟看到她两条腿屈平挤在墙上睡着了。心疼地把她扶过来，拉直腿，竟然发现我已经拖不动她了。

长大了，我喃喃自语。

想起十年前，她呱呱坠地的哭声，仿佛就在耳边。

一晃十年。

她的钢琴与我的电脑工作台同在我家超高超大的起居室里，我编报纸时，她常常在练琴。欢快的 Gentle Breeze 钢琴曲被她弹得行云流水，我听着很是享受，有时还会请求她能否再弹一遍？

常常不知道时光都去了哪里？但当看到她们站到我面前，抢着和我比高矮时，恍然间才明白岁月有情又无情的流逝——

为她们祝福，我的两位小公主！

秋后某日，与好友 Lisa 去半山上泡温泉。秋深叶归，泉水潺潺，山空静寂，缕缕炊烟。残留的树绿间，不远处的大桥笼罩在山雾里，顿生几许禅意，提笔写下拙文，并配上 Lisa 的摄影作品。孤寂中的一种绝美。I like it。

山坳中

（一）

它就那样倚在山坳里
静静的
引来凡间诸多倩男靓女
山岚、迷雾、云嶂，袅袅炊烟
一缕清风拂过水面
不远处
亮了白桦，绿了林梢
一幅水墨画 倒挂山涧

泉从何处来？
跳跃着
石间欢唱嬉戏奔涌向前
无视于天地人间

（二）

一缕炊烟山林中升腾
如梦幻
似白纱遮盖新娘的脸
却找不见
那屋檐下的房门

（三）

其实，你不必独自站立

其实，你也可以摇曳春天的浓烈

何必让自己孑孓一身

站在初冬的寒风里——

（四）

这是你的性格吗？

躲避

不愿于红尘起舞

只爱草本丛林山川溪流

山坳里的夜晚长吗？

菊豆的灯 可打湿了衣衫

午夜的翻书声

划破寂静的山林

你凝神的眸中

清澈透着光影——

后来，我把这组小诗配上 Lisa 的摄影作品发表在加拿大《华侨新报》，我自己主编的报纸副刊上，每每翻看，赏心悦目。Perfect！

窗外的枫叶红了，红得极不真实，如梦如幻如童话世界。

文学创作是需要碰撞的，和同频的人在一起很重要。

今天（2023 年 8 月 25 日）Sophie 上学的第一天。

“姥 Li，我真的上学了！”

下午三点多，我正在电脑前写作，猛听到 Sophie 在大门口喊。

“真的长大了，上学了！”

从此，她要开始自己的人生了。我，一声叹息！

眼前缓慢闪过，她呱呱坠地的哭声和一路走来的懵懂，蒙太奇般闪过——

终于上学了，长大了！我本能地有一种解脱感。

以往的五年，每天晚上带着她同床入睡。一会怕她冷了，一会怕她热了，一会怕她起湿疹，一会……

就那样走过五载春秋，五载漫长的北美冬夜.

终于——

竟然有一种除去喜悦之外的味道。

人生况味也！

2023 年 1 月 10 日，蒙特利尔枫花雪乐晚会上，这位曾经火遍中国大江南北的相声演员，这位长着一张外国人的脸，却说一口地道中国话的洋人大山出现在晚会现场。

大多数华人对这位喜剧演员大山的记忆停留在三十年前的中国，包括我自己。撤回北美的大山这些年都在干什么？还在做他钟爱的喜剧事业吗？带着种种好奇和疑问，我连线采访了正在紧张排练中的大山——

大山老了，老得让我不愿接受。

岁月无情，我们都在老去，不老的只有岁月的晨钟！

如果一个人做人做事，都是从善良出发，那他（她）一定会得到上帝的保护，人欺天不欺！世人亏欠你的，上苍一定会以另一种方式还给你。

不信你试试?

人，很难找到另一个可以倾诉的人，因为，这世上没有另一个你自己。

每天记日记的人，是因为找不到那个可以灵魂对话的人吧，或者同频者，所以才对着本子和自己说话，本子是他（她）最好的倾听者。

……

这是我多么不愿意面对的结果呢？！

想起作家杨降说的一段话："这个世界没有不带伤的人，无论什么时候，你都要相信真正能治愈你的，只有你自己。世间皆苦，唯有自度。"

一个人面对自己的时候，才是完整的自己。静下心来面对生活中的那个自己，心会瞬间沉下来，缄默的对视中，那个在俗世里过往的自己，便清清楚楚。

北美的生活就这样在嘈杂的烟火中进行着……

这是我以往不曾想到，也不敢想的生活，可它却在我和孩子们跌跌撞撞的日子中铺展开来了，且初见成效。

昨天我和 Qing 说：现在特别想做一件事，放下报纸，放下孩子们，出走！走到一个谁也不认识的地方静静地待上一阵子。她问干吗？我说，也许读书、思考；也许什么都不做，彻底放空自己。之后，我们又谈起门罗的《出走》。

逃离——出走！

我相信每一位女性的人生中，都会有那么一两次想逃离想出走的时候。

谁知道呢！

我带着思念走进山林，就像 KK 当年把我揣在口袋里走进撒哈拉大沙漠。

坐在阳光里写作的心情真好！

写在《华侨新报》一周年。

日子真快，转瞬间，这份 24 版的报纸《华侨新报》，已经在我们手上迎来了周年。回首一年走过的办报之路，心中几多感慨。

从门罗的《出走》，到艾略特的《荒原》；从科恩的《一千个吻之深》，到《罗丹的情人》；从木心到陈丹青;从《徐锦川先生谈木心》到野夫《童年的恐惧与仇恨》；从小说到散文到灯下随笔再到诗歌，抑或北美的地域风情、武打小说等等。

我们努力着，以我们对文学的热爱，以我们对母语写作的情怀，传承中华文化在北美。想起与作家梁晓声的一席谈：什么是真正的文化人？真正的文化人是一种文化的自觉。

赖声川[a]的剧——

网上说，赖声川剧本写作的灵感来源于他在英国一家报纸上读到的一则消息，是一则火车发生事故的报道。他说好像是《国际先驱论坛报》，他读到一个奇怪的现象，事故发生后，其中的一个幸存者起来后想了想，走了，去了别的地方。他的家人和单位里的人都以为他死了。但是多年以后发现他就在那里。这个新闻启发了赖声川，由此，有了他的剧本。

想起门罗的《出走》，出走是一种生活方式，一种另类的生活方式。我们都没有勇气选择，但 Jing 选择了，他会在适当的时候离岸——出走，独自一人走进北极无人区，在需要回归的时候，（比如所需的生活开支）返回彼岸，在烟火人间积蓄够经费，他再次出走。Jing 是一个生活在加拿大的华裔男子，我们报纸报道过他的事迹，我也采访过他，但我始终没有写出文章来。我不理解一个本是红尘中的人，为什么要丢下家庭，一个人常年地走到荒野里，把自己弄得像个野人似的之后再回来，然后再走？家庭、妻儿都无所顾及。

现实生活中，这种出走的人不仅他一个。

近日，频频看到关于这种离群索居之人的报道。

Why is that?

---

[a] 赖声川（Stan Lai，1954 年 10 月 25 日—），台湾知名舞台剧导演，客家人，生于美国华盛顿，美国加州柏克莱大学戏剧艺术博士，曾任国立台北艺术大学戏剧学院 教授及院长。

生活的琐碎和繁杂常常让人窒息得喘不过气来，一边渴望理想地活着，一边是无穷无尽的人间烟尘，没完没了。

在看得见头的日子的一端守望着，也许，人生永远走不出上帝设下的那个圈套。

在离开人世的时候，一定要想着打开平行宇宙的大门，去那里逛逛，也许能洗掉这一世人间的滚滚红尘。

那天，Sophie 望着墙上挂的我抱着她的照片说："姥 Li，你那个时候脸上很光滑，没有皱纹，没有点点呢，为什么？"

我说，你那时很小，还不会走路。姥 Li 那时还没老。

Sophie 听完，眨着大眼睛想了想，然后指着照片说："我不想长大，我想回去！"

我竟在第一时间没有回过味来。

Sophie 总是在我不经意间说出一些大人的话，很深刻。

是从什么时候开始，我这个凡俗之人走进你的视野？想来已是十几年前。十几年前的古巴，感谢那片湛蓝的海。也许是那份从骨子里渗出的流浪，和被海风吹起的长发以及头上的那顶帽子，让你看到了凡尘中的另一位文学女子。

你对我说："你身上有三毛的影子。"

我答："年轻的时候有人这样说过。"

那是我第一次去古巴，从加拿大 Montreal 出发。我与三毛不论从才华从思想还是成长背景都没有可比性。也许是那份骨子里的流浪意识，那份生命的倔强，那份从眸子里流淌出的淡淡忧伤，还有那顶帽子吧？！

早起，和 Qing 说了一通电话，电话放下，我心空了，她拿起笔投入创作。就应了那句“想写的东西是不能说的，说了就没了。”

Really?

今天给 Sophie 看一个小视频，视频上，一个金发小女孩为从枫树上落下来的枫叶哭泣。Sophie 深沉地望向窗外，窗外大枫树上的叶子正红。

她轻声说：风知道，冬天要来了，它会把树叶吹下来，落到地上。

这时的 Sophie 三岁半。

第一次开车去机场接站——

孩子们从美国回来了，空旷的房子里顿时热闹起来，恢复了往日的烟火人家。

两个小家伙迫不及待地向我描述她们在美国的见闻，争先恐后地告诉我她们在迪士尼乐园的快乐！

童年的记忆会影响人的一生。

北美立秋日——

立秋这天，约了三位文友来家里喝酒。从中午一直聊到夜幕降临。时间过得真快，全然没有察觉到。

Qing 说我是个有故事的人，也对。这个世界上谁没有自己的故事呢？

“酒足、饭饱巴厘岛。” 他们戏言。

悠悠岁月，多少过往都被吹散在北美的秋风中。

如今，天也高，地也阔，任鸟飞翔——

下雪了，冬天来了。郁郁葱葱的世界突然换成了一袭的白。雪白，白了尖顶的屋檐，白了风中摇曳的枝条，白了昨日还见的绿草地。

北美，又一个漫长的冬天就这样悄无声息地来了。

许久以来，我一直认为雪是天庭的精灵，是上帝给人类漫长冬天里的一份礼物，特别是在圣诞节来临前夕。

2023 年 12 月 16 日清晨，蒙城的天空开始淅淅索索地向大地撒花。那些晶莹剔透的白色小冰花，先是慢慢地从天庭飘下来，落到尖尖的屋顶上、湖面上、庭院里……然后停在已脱去外衣的枫树上。

雪，下了一天一夜，不停，无风，整个世界都在静悄悄地看着，观赏着雪儿从空中飘落的样子，像一场宏大的演出。气温停在“0”度。这是个界度，往下走会结冰，往上走会融化，可它就偏偏停在了“0”度。我也是第一次对零度有了新的认知。

是因为“0”度。“0”度像一个宠溺小孩的老祖母，小心翼翼地呵护，雪儿就有了任性撒欢的资本。它从天庭不紧不慢地飞下来，选择自己喜欢落脚的地方，或湖面、或庭院、或拱形的屋顶、屋檐、台阶、路面……

那些飘落在大枫树上的雪儿，一定是雪中的精灵，它们将自己落到枫树的枝干上，堆积成朵，就让大枫树开满了洁白的雪绒花。我望向高大的落地门，上端的半圆拱形窗棂，刚刚从那里走掉的是满窗枫叶的火红，火红的枫叶与洁白的雪绒花交替进行，让我惊诧于大自然的美丽，想起那句“大美无言”的古句。那雪儿在粗粗细细的枝丫上、树干上堆积成一朵朵，一行行，一簇簇不同的形状来，像极了一棵开满银花的圣树。

我家门前站着的那棵枫树的树冠超大，有点儿遮天蔽日的气魄。夏天带给我们满院子的阴凉，秋天带给我们红彤彤的世界，冬天带给我们满树的雪银花儿……

我们住的别墅三面窗外都长着高大的枫树，在屋子里走动时，不论脚步移向哪个房间，都能看到雪压在粗粗细细树枝上的奇观。它们紧挨在窗前，那树干的部分枝条就会映在窗框上，俨然一幅超大的水墨画，出自天地之手，那么的不真实又是如此真实地呈现在眼前，让我联想起在蒙城上映的《阿凡达》电影。

雪的世界里，一切都是纯白的，白得失去了真实性，恍若进到某个太空里另一维的人类空间站。只有大枫树在这白色的世界里安详地开着晶莹剔透的白花儿来，大朵大朵地挂满整个树冠，甚至可以从根部开始到树干到枝头。我常会忍不住好奇，伫立落地窗前，放眼望去，邻家尖尖的屋顶、造型艺术的外观上也都被这精灵装饰了一番，又一个太空站中的宫殿。大地被厚实地盖住，像一床大得没有边际的棉花被。

在这纯美的天地间，我们活着，些许的不良行为都似对这份圣洁的亵渎，包括我们的思想及意识。造物主让雪从天庭下来，也许是为了给人类一个警醒，造物主总是在以各种方式检验着肉体的人类，包括这漫天飞舞的雪花儿。

想想，这北美的世界真的好神奇，一年四季有不同的颜色和不同的景象。大自然像极了一位魔术师，将这四季分成段落安放在同一年里，供世人品尝消遣。

突然间没有了年初的激情和心底的豪迈，似乎觉得一切都不那么重要了，于我。感叹年华的流逝和岁月的变迁，一切都在越来越远，只留那份向死而生的豪迈。

人，谁不会老去？谁又不会消亡呢？连岁月和时间也没有永恒，何况地球和肉体的人呢！

非常喜欢下面的一段话，似乎说的就是我：

“有灵性的人是什么样子？其实灵魂越高级，越有灵性的人就会活得越像个孩子。你会发现他（她）在人群当中并不合群，他更加喜欢一个人独处，你和他接触之前可能会觉得有点高冷，但相处之后你会发现他的生活非常简单，没有灯红酒绿的生活，没有鸡毛蒜皮，没有家长里短，不会盲目从众，就是一个很简单很独立的人。而且你越了解他（她），你会发现他（她）活得特别接地气，甚至感觉是个非常纯粹且单纯的人。他（她）在过去可能已经经历过了百般磨难，但是依然选择把自己的心敞开，真诚地去面对其他人，其实认识这样的人真的很幸运，他们是一个值得你深交的朋友。如果你遇到了，请一定要好好珍惜。”

木心说：“你再不来，我就要下雪了！”

乌镇是没有雪的。我来不为雪，为了读你、懂你，为了走近你！

余华说：“时光好不经用，抬眼已是半生。”

无奈又伤感的一句话，好戳心！

给好友的一段话：突然感到，人生不过如此，浑浑噩噩，卿卿我我。什么正义与理想，高尚与伟大，都 Ta 扯淡！在现实生活面前皆是那么苍白无力，幼稚可笑甚至充满了嘲讽的味道！

一个人与一座城市的关系如同一个人与另一个人，抑或一个人与一个家的距离。当你把一座城市比作一本书，你需要花时间去了解它，走近它，读它。

我与 Montreal 就存在着这样的一种关系。当飞机抵达皮尔逊(YUL)机场时，我情不自禁地在心里说：到家了！

清晨，刮着大风，雪花在风中肆意飞舞着……

透过窗子，望着外面的街道和对面邻居家尖尖的屋顶，呆呆地望着，若有所思……

枫起边陲——

北美，深秋的枫叶渐红时，KBK 第二届读书沙龙启动了，主题是法国女作家西蒙娜·德·波伏娃的《第二性》。

国庆节那天，我带着第一支小分队迎着晨曦中的朝阳出发了——

Stanstead 小镇坐落在加美边境上。据王导介绍，这是一个颇具风格的边陲小镇。

秋天，走进自然，融入自然，本就是北美人习惯的一种生活方式，再加上是能谈得来的文友们，心里又揣着对法国女作家波伏娃《第二性》的思考。

山路挺直，蜿蜒，阔野无边。

沿途上的风景随着车子的飞驰不停地变换着。路两端的枫叶由绿变黄，由黄变红，溢满了群山。层层叠叠的山峦，在晨阳的光辉中泛着秋艳，仿若画家的五彩盒子。

停车坐爱枫林晚，

霜叶红于二月花。

杜牧的这首《山行》，正当用。

秋天，给文人们留下无限的笔墨空间，也给心灵注入强大的蓝色壁垒。层峦起伏的五花山，像极了秋天中的山林花海，一层层在我们的眼前闪过。车子沿高速路风驰电掣，就像一位深林中的老猎户在秋阳中满怀喜悦地巡山。

一座廊桥横跨在一条湍急的河流上——

廊桥！廊桥！Narrow Covered Bridge !

虽然它不是美国麦迪逊之桥，不是《廊桥遗梦》中的那座廊桥，但样子却和它大同小异，而且它们都是架构在河面上的桥，都叫廊桥。

廊桥，让我们的思绪走得悠远……

仿佛弗朗西斯卡和罗伯特·金凯就站在那桥口，弗朗西斯卡在桥口处读着那张被钉在桥口板上的纸条；罗伯特·金凯正在桥下不远处的草丛里对着桥上的弗朗西斯卡举起了照相机——

很多年前，我在北方写过一篇"再读《廊桥遗梦》"的散文，其中有：这是个美丽的早晨，我与罗伯特·金凯和弗朗西丝卡再次邂逅。美和回忆在北方极寒的天气里簇拥了我，又一次开始了一天里的晨读。

"为天下远游客"。

读这几个字时，我似乎读了许久。那字里的距离和长度足以让我的思维跑上几个光年。我在读自己吗？我读我。真是个不错的句子。莫言获奖时，"三人行"说到作家的贡献在于为人类创造了美好的词句。一点没错，我想是的。

这是为所有远行的天下客写的一本书，罗伯特·金凯是他们杰出的代表。

"他瘦、高、硬，行动起来就像草一样自如而有风度。"第一次读到用"草"形容一个男人。"在此以前和以后我都没有这么好看过，都是因为他。"这句话让我想起梵高。读

《梵高传》时，我在现实的世界里替梵高撑不下去，但书中的梵高却在顽强地画着他的向日葵。爱情竟使他的那个女人脸上的皱褶一点点展开……

男人和女人之间，有着怎样不可思议的某种生命密码呢？我想只有上帝知道。上帝造人时将这些密码输入人的体内。

是罗伯特·金凯的到来，解开了弗朗西丝卡内心深处隐藏的那个密码，点燃了她内心深处渴望的激情和爱的火焰，让弗朗西丝卡从沉睡中苏醒过来。

噢，那个美国东北部乡间 廊桥旁古老的夜晚，那个走了千山万水终于到来的男人——罗伯特·金凯！
悠远、深邃、孤寂，一个人赶路，心中装着无以言说的孤独与绝望。

我不知道在我七岁的那个秋天，在地球的那一端，会有一个与我们完全不一样的国度，发生那么不一样的一场绝美的旷世爱情。刻骨铭心，超凡脱俗。

他们创造了第三个人，创造了另一样东西——“咱们”。

记得多年前那个北方的早晨，阳光洒满整个书房，照在我宽大的案头上。我一边读一边抹着眼泪，为那个天下远游客--罗伯特·金凯，为他对生命的理解和对生命最后的安排。

“退出生命。”

“永不再来！”

罗伯特·金凯，这个物种演变终端的生命，这个最后的牛仔，他终于以他能够的方式回到了他日夜思念的女人身边。他以退出生命作代价。

退出，是一种选择，是另一种主动。

至少我这么认为。

接近 Stanstead 小镇时，山口突然宽敞起来，竟让我们不约而同地想起洛基山，那刀劈斧凿的山峰和那敞开胸怀的山口——

在我们畅谈《断背山》的思绪中，车子驶进边陲小镇。这将为我们留下难忘的一次旅行的经历：当我们的车子停在小镇尽头的路旁时，我们竟不知道，其实我们已经踏入了美国的地界。有位女警官从车里探出头来告诉我们，这是美国的地界,让我们快点离开。不就是一条马路的左右边吗？怎么就成了美国了？我们懵懂地穿过马路，来到加拿大的边境站前，而从站里走出来的加拿大女警官，误以为我们是从美国来的旅行者，大声地让我们先站在原地等候，因为我们已经踏上了加拿大的领地。

一条马路，竟然让我们秒出国，又秒回国了，真是绝妙的体验。

随后，我们去看了世界上最古老的国际邮局，现在已经改成图书馆了，图书馆的上面是小镇的歌剧院。只可惜，我们去的那天是休息日，图书馆关门，楼上的歌剧院虽然在排练节目，但是闲人免进，这让我们稍有些遗憾。

在图书馆大楼的一侧，我们看到一处奇怪的现象，一溜的大石头块，仿佛在标明一个什么界线，我们好奇地猜测：不会这也是国境线吧？！你还别说，真让我们猜着了，当我们走到那用大石头摆的一字草坪上，看到一个窄窄的小木板条插在石头旁边，上面写的正是美国和加拿大的国境线。

Whoa，几位文友都在感慨这最原始、最朴实、最超乎想象力的"国境线"。这也是我走南闯北，首次见到的最绝妙的国境线了。

开眼了吧？

真是开眼了。

那地垒横空出世般出现在我们的视野里，远远望去像远古遗留下来的石阵。一片大青石板围成的圆形构图屹立在蓝天白云之下，绿草之上，像在对我们昭示什么。走近后，非常震撼，一股远古的气息扑面而来！

那超大的石块垒起的一个大大的石门，很容易让人联想到中世纪，联想到我在古巴时看到的那些中世纪建筑。那是加拿大地垒。它们就那样横亘在天地之间，头上是蓝的极不真实的蓝天和白的极不真实的大朵白云。瞬间，我竟有些许恍惚，怀疑自己是不是穿越到了远古的某个部落里——

秋阳无限。我们一行人沿着河畔的林荫路，听着潺潺的流水声走着，时不时还和路遇的旅人聊上几句。

这样的年龄，这样放松的心态，三五成群，走在北美这样的秋阳里，任天地高远，任秋蝉啼鸣，放下一切生活中的杂陈，让灵魂裹挟着肉体，来一次对大自然的顶礼膜拜，这是一种怎样的心灵释放和精神回归呢？！

哦，秋阳，四季中最深沉的季节，人生中最浓烈的色彩。当有一天，我们可以面对自己走过的脚印，细数来时的路，我们也许会轻叹一声：

哦，好美。

我来过！

冬天真的来了，一年中漫长的季节来临了。不论你欢迎不欢迎，情愿不情愿，喜欢不喜欢。

四季分明的北美，犹如不可抗拒的人生，从幼年到童年到青春少年，再从中年滑向老年，没有人能够拒抗衰老，就像没有人能够抗拒岁月一样，如江河入海。这是自然的法则，亦是人生的法则吧。

回北京——

飞行了近 30 个小时，几经辗转，飞机落地首都机场。没有往日回国的喧闹，过海关时，仅有我们这一班人，阔别数年后，竟有些不适应。

疫情摧毁的不止是经济，还有人心。

在这个我生活的地方——地球上，我敬佩两个人：一个是由男人变女人的金星；一个就是不能用常人的思维去解读的埃隆·马斯克了。

他们都是奇人，他们都用常人无法理解的方式活出了自己的样子，自己想要的样子！金星完成了在这个世界上的心之所愿；马斯克面对的是整个人类。用“伟大”二字来形容，我认为一点也不过分。

金钱、名利的角逐中，那些世界级的大亨们，也许不曾一天仰望过星空，思考过地球人的未来。这就是他们与马斯克的不同。

思维的不同，格局的不同，方向的不同。

最近看了关于马斯克的两个视频，颇为震惊。一个是他对人工智能人的担忧和恐慌。他担心再让智能人这样研发下去，最终，人工智能人会消灭地球上的人类。这的确很可怕。

我曾经在两年前就对一位朋友说过此意。我说，地球人研制了智能人，但最终，智能人会反过来消灭地球人！记得我说完，朋友哈哈大笑，朋友一定以为我疯了。“怎么会有这么疯狂的想法？”她问我。现在马斯克给出了答案。

二是他说，如果战争（第三次世界大战）在全球发生，人类是无法登陆（移居）其它星球的。

这两条推论都足以让人类灭亡！

我选择相信马斯克的推论，因为他站在世界科学的最前沿，用他敏锐的目光和他的超能力。

一则新闻说马斯克不再是世界首富，他的资产由于股价下跌，缩水了一千多个亿。当然，这不是我想看到的，但我并不认为金钱能锁定这位超人探索宇宙，为人类寻找终极星球的决心和能力。股价的波动是曲线的，如果马斯克是上帝派到人间的使者，那他也一定会像他一路走来的人生那样，冲破重重阻力，砥砺前行。上苍赋予了他使命，上苍就会给他改变的力量。这一点，我从不怀疑。

“这人世间，只有少数人能清楚地听见，来自内心的声音，只有更少数的人，能听从内心的声音而活。不过这种人，要么成了疯子，要么成了传说。”

我既不想成为疯子，也不可能成为传说，但我的确能听见内心的声音，而且我会尽可能地听从内心的声音去活。所以，那些年，周边的人都把我当另类，说我这种人社会上绝无仅有，凤毛麟角。

我不知道这评价对我是褒还是贬？

随它去！

昨天晚上在老港，我与《华侨新报》作者群里的文友们跟随王导游历了 Montreal 的夜幕墙影，直到午夜，回到家时已经接近凌晨了。

一个非常愉快、长知识的夜晚。

蒙城有那么多的故事，有趣、有历史、完全可以写一本很好看的书了。

My fuel is dry !

从繁杂的生活中抽离出来，哪管一个字也不写，静静悄悄地待着，直到灵感出现。

去看一所白色的房子。这房子的样子让我想起美国东部密西西比河，想起那个河弯尽头的白房子，那透过河面上的阳光折射出来的光。《鹰・乔治》小说的结尾就诞生在那里。

行走洛基山——

我从没想过一脉山峰会与一份凡世之爱有关联。

那应该是七年前了，我旅居在加拿大 Montreal。那时，我还在为国内的一家报社和文学杂志社工作，还要按时完成作家协会每年的创作任务，很辛苦。

七月，我从 Montreal 皮尔逊机场出发，去美国明尼苏达州的 Rochester 采访一位在国内土插队，返城后又洋插队的医学博士。

也就是那次采访，让我认识了迈克·乔。他与我采访的人物同在一所医院工作。他是研究人类生物进化的，常年工作在他的试验室里。他在这所医院里有着很高的学术地位，大家都很尊敬他，包括院长，那位胖胖的，有点秃顶的西人小老头。

我们聊了很多话题，很投机。从国内到海外。他告诉我说，他是“老三届”，也是一个彻头彻尾的土插队后的洋插队。

我不明白，你们那一批人好不容易返城了，为什么又要到国外来？

他说，不是你想象的那样，更不是国内人说的那样。

你不介意我们谈一下对死亡的看法吧？那天，在医院大厅的休息室，我盯着他的眼睛问道。

当然！他的语调很温和，但目光中却闪过一丝不易察觉的惊讶。也许，女性是不大爱谈死亡这个话题的，她们喜欢谈的是 Love。也许，就是那个话题，让我在迈克·乔那里和其他的女性有了区别。

我很赞同《廊桥遗梦》电影里，男主人公罗伯特·金凯对生命的态度：当身体的部位受损到一定程度时，就主动以自己的方式退出生命。我又说出对离开这个世界的态度：

“别老在人间待着，得空去别的空间走走。”

他瞪大了眼睛望着我说：你哪里来的这些古怪的想法？

后来，我们一起去了洛基山。

后来——

你不用被动地迎合我，你还是做你自己。

感谢你让我体会到了生命在另一个领域中的快乐，那是我以往数年没有体会到的。

我会帮你疗伤。

不急，我等。

他是中国第一位留学生，他冒着风险把一百多名穷人家的孩子带出国，而这些孩子后来竟然成长为民国总理、清华大学校长等大人物，他说越爱国越要出国留学……

他就是容闳，中国的留学生之父。容闳晚年时，写了一本自传性质的回忆录，书名为《My Life in Chin and America》，1909 年在美国纽约出版，1915 年上海商务印书馆译成中文时，取名为《西学东渐记——容纯甫先生自叙》

读他的故事，百感交集。

真是位了不起的人啊！

他像个启蒙者，不是吗？

让世界落泪的大提琴曲《殇》——

这是隐于我心底最深处的一首曲子，是我在某个深夜独处时听的，它那样吻合我的内心，我依伏在那些音符上，听它们如泣如诉——

杰奎琳·杜普蕾——这位英格兰杰出的大提琴演奏家。

匈牙利大提琴家史塔克有次乘车听到广播里在播放这首大提琴曲，他问同行的人是谁拉的，当同行的人告诉他说是杰奎琳·杜普蕾时，他说道："像这样演奏，她肯定活不长。"

也许只有同频的艺术家才能听得出，杜普蕾是用生命在拉她的大提琴！

让史塔克说对了，杜普蕾在她 42 岁那年随着她《殇》中的那些音符走了，而且永不回来。后来，我看了关于她的一部电影《她比烟花更寂寞》，那电影让我难过了很长一段时间。

如果我死去，
你会不会思念我？
不会，我会陪你一起死。
我站在世界的尽头，
遥望这一片紫色的花海
海风静静地呼啸而过
在我的耳畔，你正低吟浅唱
细诉你我写不出的结局。
树荫下星光点点，映在胸间　化为今生的遗憾。
你的声音像落蝶一般寂寞　贝壳里传来海的哭泣。

是谁 守望着谁　失去了这么久　才明白
原来一直未曾拥有　那么任落叶随光飘散
溢出这一片心海　映在胸间　化为今生的遗憾
你的声音像落蝶一般寂寞　贝壳里传来海的哭泣。
……

凄婉、绝美、低沉的大提琴一次次穿透北美的天空。

七年前，我从 Canada Montreal 飞往美国 Rochester 时，万米高空下，是美丽的密西西比河。那时，我对迈克·乔爱得很深，甚至在某个下午，我一边含泪听杜普蕾的《殇》，一边做出一个关于生命的决定。我并没有把这个重要的决定告诉迈克·乔，只是当他从 Mayo Ciinic 下班回来，站在楼梯口喊我的名字时，我匆忙关了音乐跑下楼，一头扑进他的怀里，险些把他撞倒。

我做了关于生命的最后决定。

后来，他与我谈起密西西比河上的那片丛林，谈到归宿地。我知道那里宁静美丽，他常去那里钓鱼。

后来——

再次回到 Montreal 时，枫叶红得如火，门前火红的枫叶在窗棂处摇曳。漫步在那些巨大的枫叶树下，不禁浮想联翩，突然觉得世上的一切都不那么重要，来的生路，去的归途。人生不过两条直线，如此简单。仰望苍穹，天蓝得如海，秋风如蔓，飒！猛然想起三毛的那首诗《如果有来生》。

来生做一棵树吧，我对自己说。

树也有枯的那一天，鸟儿也有飞不动的时候。只要在这个地球上活着，哪个生灵又会永生呢？不过是一种寄托，一种心愿罢了。

当地球离开轨道那天，一切的一切都不复存在。

人是无法和命运抗争的，一切都有定数。多年后，我这样说。这也许是宿命，是每个人都逃不脱的宿命吧！

你的笑容掩去你的思想
我在畅谈中裸露真诚
我不知前方的路
也无法预知未来的果
一切都交给上苍吧
让他来为我们界定
我是大路，我是远游客，我是所有下海的船！

昨天夜里，和 Qing 聊到很晚。

在这冰天雪地的北美，能有一位畅聊文学的朋友，暖。

在这漫长的冬夜里。

等太阳出来——

“你本是天上飞的鸟儿，你在意那一窝地上跑的鸡干吗？”

朋友 Qing 说的。说得真好！

这话曾是那样鼓舞了我。

24 日平安夜，25 日圣诞节，今天 26 号，狂欢日。

估计也只有风雪的狂欢了！

暴风雪袭击整个 Montreal，大烟泡刮得昏天黑地，许多社区断电了。还好，24 日早起家里电断了，我还没来得及烧一壶开水。不过，半小时之后，一切正常了。

真是个不寻常的圣诞节！

Sophie 回到自己的卧室，夜里不再乱跑到我和她妈妈的床上了。

昨天晚上睡前，近 11 点，我关掉电脑后去她的房间查看，发现她的房间门大开着。她把枕头拿到床尾倒过来躺在床边，侧身对着屋外，楼下厨房里亮着的灯光照到楼上来。

我低头吻了她，问她怎么还没睡？她睁着大眼睛沉静地说：

“睡不着”。

“快 11 点了，睡吧”。我说。

然后我关掉了桌子上的夜灯，她说太黑了，我说太亮睡不着。只留窗下墙壁上那盏鹅黄色的夜灯亮着。我轻轻关了门，说了声：“Good night!”

Sophie 没有回应我，只留下她那张沉静的小脸在夜里。

回到房间里的我有些后悔，想起五六岁那年我的一次失眠，那个深得不见底的午夜——

我应该陪陪她的。

不晓得那一晚她是怎么熬过来的。

站在节日的外面，自己早已是个局外人。任何节日的气氛其实与我并没有太多的关系，在国内是这样，在北美依旧。我不过是个节日的旁观者。

北美。新年的第一天，天空灰蒙蒙的，因为昨天下了很大的雾，外面很静，冷冷地注视着尖顶，一辆辆静卧在各家门前的车，化了又冻的雪地——

这是北美的冬天，一个暖冬。

也许，太阳会在明天升起来，气温回升到零上，雪也会一点点融化……

2022 年金秋十月，我翻开一个印有梵高画作的本子。我喜欢这个封面，喜欢这幅画，喜欢梵高。它让我离梵高近些。“在无情的世界里多情地活着”，他的话点燃了我心灵深处那段最原始的记忆，触动了一段尘封的岁月……

关于自由与生命的随想——

2022，北美的中国“年”，是在加拿大卡车司机们的集体“呐喊”中到来的。

元月 28 日，浩浩荡荡的自由卡车队伍从加拿大的各省市向首都渥太华集结。Montreal 四十号高速公路上挤满了前去渥太华游行的车队。

这是一次加拿大历史上规模较大的卡车示威游行。他们的诉求是要自由，要人权，反对政府对卡车司机过境核酸检测的限制令，反对疫苗法案，反对疫苗增值税（即政府对没打疫苗者进行800加币的税收）。

我将那些车队和沿途居民夹道欢迎，并且送吃送喝的照片发到朋友圈里后，明确表达了自己的观点：无法理解，无法接受。这个时段，加拿大的气温骤降在零下23-26度左右，冰天雪地。从温哥华方向出发的卡车，要行驶五六天的车程才能到达渥太华，几乎穿越整个加拿大。而这时的疫情，仅魁北克日确诊人数仍然在6-7千人。

那视频配着音乐，低沉的男中音和那70多公里缓缓驶入渥太华的卡车队伍突然点燃了蛰伏在我身体里的那份久违的激情，我为之感动，有一种奔赴战场的冲动。眼前不断出现南斯拉夫电影《桥》里的片段。我知道，我的大脑里，东西方的观念在打架。我固守从小到大形成的东方观念，又为西方这些卡车司机们为自由而战的义举而折服。我对国内的朋友们说，东西方对自由和生命的理解完全不同的。

想起那首诗："生命诚可贵，爱情价更高，若为自由故，两都皆可抛。"

没有自由，哪有生命。我这样写道。

一位朋友留言回我："我以为你会说'没有生命，哪里还有自由呢？'"

我无言以对。也许，这就是东西方对自由和生命理解的不同吧。

什么是自由？又怎么评价自由和生命的界限呢？夹在东西方价值观中的我突然迷惘起来，又似乎突然清醒。

两年多的封闭隔离，也许，他们太需要一个喘息的空间了。卡车司机们也许走惯了边境上畅通无阻的马路，一路飞驰，为多跑一趟，多挣些钱养家，也许，他们生性向往自由自在，无拘无束，也许……

太多的也许都可以从人性的角度给他们一份理解，一个原谅的理由。他们是最朴素老实的纳税人。

可是，为什么呢？为什么总理特鲁多不出面给这些前来向政府诉求的卡车司机们一个合理的解释,对他们焦虑的心情给予安抚呢？而是以染病为由携全家离开官邸？加拿大可是一个在世界上有着美好形象的民主国家呀！

我曾亲眼看见 Montreal 的小个子市长，在冬季即将到来之前，站在深秋周末的马路上，淋着雨，手里拿着一个小盒子，为幼儿园的孩子们向路人求赠捐款。那个冬天，蒙特利尔岛上幼稚园的孩子们每人政府给的津贴增加了一元钱。我把这事讲给国内的作家朋友们听时，我和他们一样为这个国家高高竖起大拇指，发自内心的为这个国家鼓掌。

原以为在零下二三十度寒冷的冬天，卡车司机们冒着漫天的大雪站在国会山前的示威也只是表达一下他们对强制疫苗过境法案的诉求罢了，帅气的总理特鲁多出来和示威的队伍见面和解，达成一个双方的共识，这事就过去了。哪怕染病不便出来，在电视屏幕上和卡车司机们说几句也能解决问题。就像他在疫情期间，几次站在他家宅子大门前，面对全加拿大人民的演讲。万没想到的是 2 月 18 日，渥太华联邦警察全体出动清场，竟抓捕了 70 多位在国会山广场上的游行示威者。

总理特鲁多启动了国家紧急法令。据资料记载，上一次启动国家紧急法令是在1970年，他的父亲老特鲁多当政时，为当时魁北克劳工部长被杀害和三千多青年学生在蒙特利尔集会的示威游行。也许，今天的总理小特鲁多也有他的启动理由，也处于维护他政权的需要。但这场抓捕还是让我感到十分的意外。

这是我没有想到的，也应该是全世界各个民族的人们不愿意看到的。大量的捐款被冻解，通往首都的道路也被封锁。尽管有报道说，此次卡车司机的游行是有人在背后指使，企图破坏人们对自由党政府的信任。尤其在Coutts封锁线上查获了装有弹药的枪支等等，还有的媒体报出是美国前总统特朗普在背后操纵，说有一半的捐款来自美国人等等。这一切到底是真是假，我们无法考证。但不论怎样，作为我们心目中美丽的加拿大，这一切都不应该发生。至少，我们不希望它发生。

失望是由衷的，对国内作家朋友们提出的种种质疑，我无言以对，除了失望我找不出更好的词语来形容此刻的心情。

我理解那些卡车司机们，也理解作为一国之首特鲁多的难处。也许，这就是人们常说的政治吧？政治总是带着某种血腥。

早醒，躺在床上刷短视频，看到俄国总统普京招募20万新兵上前线的新闻。画面很震撼。20万新兵雄赳赳地走过红场，胸前握着上了刺刀的钢枪。普京的激情演讲，沸腾了整个广场。人们欢呼着！新兵们毫不畏惧地跳上大卡车、装甲车，奔赴战场——

20 万个新兵，来自 20 万个家庭，背后站着 20 万个牵肠挂肚的母亲！

之后会怎么样呢？那是战争，那是你死我活的杀戮。母亲们等来的将会是什么？

一张儿子的遗像？一个装着儿子骨灰的小盒子？还是一枚儿子的军功章？

我似乎听到那 20 万个母亲撕心裂肺的劫哭！看到那 20 万个破碎的家庭！

我不知道该如何评价普京，这位曾经我心中的英雄了。

面对战争，马斯克在社交媒体上发了一句意味深长的话：我们的火箭不应该射向彼此，而应该是前往星辰。并配图为第三次试飞时星舰升空的照片。

马斯克以一己之力，在为人类寻找着新的星球，而掌管各国的权力者们，却开启了互掐模式，还没完没了。

相比之下，谁更接近人民的意志呢？

很小的时候就读过《战争与和平》，知道它是一部关于战争的书。知道战争的血腥与残酷，知道要以许多无辜人的生命做代价。所以，许久以来，我并不看好将军肩头上徽章的星数，因为那是用无数士兵的鲜血和尸骨换来的。引发战争的原因很多，历史上有为争抢一个漂亮女人海伦引发的特洛伊战争，有为争夺财富引发的海湾大战，有为开疆拓土的也有为反抗侵略者的。据不完全统计，资料上说，人类在战争中死亡的人数远远超过疾病和自然灾害死亡人数的总和。故此，希特勒总结出“战争人口论”。

总是忘不了“战争与和平”电影里那位美丽活泼的女战士卡秋莎在河边采野花时被冷枪击中缓缓倒下去的身影，慢镜头。那么鲜活的生命在那一瞬间轻易地消失了，再也回不到人间！战争像一个恶魔，张着血盆大口。

其实，任何一场战争的背后都是政治的黑幕，政治是战争的刽子手。俄乌战争也不例外。

如果人类真是造物主放逐于地球上的一种生物，那么此时，这种相互间的残杀算什么？造物主的游戏吗？

人类呀，给你一个地球，好好活着。斗来斗去，厮杀，不过是为了满足控制世界的那几个男人之间的相互争斗，不是吗？

当地球被双方损毁的时候，正义也被战争染上了血腥！

窗外，北美的雪依旧在飘着，此刻，俄罗斯的大街上，那首《多想活着》的歌声从游行的人群中传向远方的天空，传给战场上那些举着枪射向对方的士兵。

你知道吗？多想活着！

中加国际电影节的最后一站是纪录片《莫言》。

对莫言我并不陌生，他是为中国拿到诺贝尔文学奖的作家，也是中国政府唯一承认获诺奖的中国作家。走进我思维里的，当数他的《红高粱家族》。记得看《大红灯笼高高挂》和《红高粱》时，胸膛似乎要被那一群高密的山东大汉捧着二大碗喝酒、吆喝唱的词曲震撼得灵魂出窍。

“妹妹你大胆地往前走啊，往前走，莫回头——”

“喝了咱的酒，一人能走青纱口；喝了咱的酒，上下通气不咳嗽——”一夜间响彻中国的大江南北。为之震撼！张艺谋也因拍摄红高粱家族一火再火，演员巩俐因此也直奔戛纳电影节影帝而去，奠定了她在国际电影舞台上的地位。

应该说，不论是文学，还是电影，莫言都为中国争了光。之后是他的《蛙》《檀香刑》《生死疲劳》《晚熟的人》……

读《丰乳肥臀》时，我并不了解他的写作意图和构思。电影节上，听他对这部作品的解读后才知道他是揉进了他母亲一辈子的辛苦和操劳！他是下决心为母亲写下这部长篇的。一个女人，跟七个男人生下了八个孩子……

莫言说，在活着和生存面前，尊严不值一提！尊严是在吃饱了饭之后谈论的事。1955 年出生的莫言，经历了新中国所有的苦难。饿、被饿、饿着——是他幼年、童年、青少年以及长大后最深刻的记忆，最痛的体验，刻骨铭心。

莫言没成名前也来北京住过，用当下的话讲叫“北漂”。那时他还没有名，穿得也十分土气，整天蓬头污面，不修边幅，住在离鲁院很远的郊区。他自己也说过，进城买份早点，售货员瞥了他一眼都懒得搭理。没多长时间，他终于撑不下去，就又撤回老家高密了。

拍《莫言》纪录片的，是他曾经的同事张同道导演。张导看上去很年轻，应该是国内的新锐导演。中加国际电影节开幕前，曾有一个关于纪录片的研讨会，我们《华侨新报》全文刊发了研讨会的《侧记》。在这个研讨会上，出现了一个新名词："文学纪录片"。文学纪录片与传统纪录片有什么不同？我也是在那个研讨会上学习了。《莫言》应该是文学纪录片的成功之作，所以，它获得了中加国际电影节"最佳纪录片奖"。为它祝贺！

莫言说，作家的作品就应该揭露社会的黑暗、人性的丑陋，与政治无关。这也是我一贯坚持的写作原则和底线。"书写灵魂深处的痛苦"是一位作家负责任的创作方向，毋庸置疑，我举双手赞同！

记得有一次，我在国内的宣传会议上愤怒地说出："总不能让文学充当政治的娼妓吧？！"这样大逆不道的话，然后还愤然地起身离开了会场。很多人暗地里替我捏把汗！这是后来我离开大陆移居加拿大后朋友们告诉我的。那时我很能干，他们拿我没有办法，如果能找到人替代我，"你想去哪去哪儿了，早把你请走了"。我想那个"请"一定是带引号的。我没有办法让我主持的文学刊物，把小说散文诗歌都编辑成为政治唱颂歌的文学作品。很庆幸，在我离开之前，没有发生第二次反右斗争。

苦难中长大的莫言，"高密东北乡的一个小农民"（作家出版社的老领导这样称呼他），真的是从苦难里泡出来的作家，他吃的那些苦，才能让他准确地在作品里揭示出中国各阶段的社会现象，从土地改革到人民公社到公私合营到三反五反到文化大革命到现如今的改革开放。中国社会的每一步发展变化，都在他的作品里展现得淋漓尽致。所以，"泥沙俱下"是莫言的写作风格，也是中国社会一个真实的写照。

文学+纪录=让这部《莫言》获得成功，也让人们通过作家本身的引领，走过、体悟文学的故乡。

晨阳透过窗前的松林射进来，打在墙面上，折射出一屋子的温暖。光的影子在房间里移动，很是享眼。

又见 11：11

一切旧有的东西都在消散，一个新的生活渐渐展开，这就是我面对的人生。

我将衷心地感谢护佑我的神灵，感谢上帝对我的眷顾！

这是 2020 年三月的北美。

一段慌乱的日子过后，北美的疫情终于暴发了。先是美国的流感夹杂冠肺病，死亡上万人。紧接着新闻就爆出加拿大总统特鲁多的妻子被确诊，特鲁多在家自我隔离 14 天。每天看着他在自家门前、厨房里自播的视频，感慨颇多。紧接着是欧洲的电影明星、足球明星被诊断，昨天英国首相也在推特上自称"中招了"。

除中国外，已经有 40 多万人被确诊，并且疫情仍在继续，每天以几千的数字在递增。死亡，已成了一个常态；成为疫情中不再孤独面对的事情。太多的生命在这场疫情中悄然离去，带着他们所有的希望和对生活的渴望。

这个春天不太暖，这是个残酷的春天！

居家的日子里期待春天的声音，就如同每天隔窗观察门前大树发芽打苞的进度。不论是大人还是孩童，也不论是华人还是西人，大家的心里都充满了对春天的渴望。

疫情仍在蔓延，每天死亡的人数都在增加，陡然想起作家莫言的那句话：地球人的好日子不多了！

这是一句警言，还是一声叹息呢？！

所有灾难的背后都是一场人祸。天灾也好，人祸也罢，此刻地球人的确是在经历着劫难，是否，也应该好好地反思呢？

昨天带 Sophie 在门口的台阶上望风，是傍晚。白天下了雨，傍晚的云层很厚，灰白相间。突然听到几声雁叫，抬头望去，竟有一群远去的大雁鸣叫变换队形——

“大雁回来了！”我像自语似地对 Sophie 说。

“姥姥，大雁回来了，春天就来了，是吗？”当我把看到雁阵的事讲给 Jessica 听时，她这样问我。

春于北美的 Montreal 是迟缓的，记得这个时候，北京的玉兰花已经盛开了。仿佛能嗅到北京家窗子下飘进屋子里淡淡的花香……

门前小花园里的积雪还没有融化完，那个堆积的小雪人化掉了多半。

Sophie 每次趴在窗台上向外望时都会嘟着她的小嘴喃喃地说：“雪人的头没有了，姥 Li。”稚嫩的声音带着哭腔，红了眼眶。

你相信爱情吗？你相信时隔了五十五年之后突然重逢的爱情吗？

那天，迎着夕阳我结束对一位在联合国工作多年后转向艺术创作的 Su 访谈后，她如约登上了飞往法国尼斯的飞机。

接下来的日子，陆续接到她从法国尼斯发回来的照片。湛蓝的海水，飞翔的海鸟，她依偎在男友的身旁。这是他们在尼斯海边的合影；然后又是她和男友家人的合照。从男友老母亲的眼神中，能读出那份对友人的喜爱……

“1965 年，越南西贡自由太平洋书院的一间敞亮教室里，一个叫智禧的男孩坐在一个叫凤英的女孩后面，对着她娇小的背影暗恋，害羞的他从未对她讲出自己心里的小秘密。那一年他 13 岁，她 14 岁。越战袭来，很多华人家庭举家离开越南，智禧去了法国，凤英去了台湾后又法国、纽约和瑞士，最后落脚于加拿大。接下来就是他们 55 年的岁月长流淌。他和她都各自完成了生命中大大小小的使命，看过了形形色色风景，但是，彼此全无音讯。2022 年夏季的某天，居住在法国尼斯的智禧和一个老友聊起他们曾经就读的太平洋自由书院，竟无意中打听到凤英的消息。一直在默默想念着自己的初恋女孩的他拨通了凤英的电话，向她说出了埋藏心底的那个小秘密。14 岁的爱情之花就这样破土绽放了！‘以前我只能看你的背影，55 年后的今天这个背影总算转过来看着我了。’他对她说，西贡一别，是为了漂泊，也是为了爱的重逢。貌似粗心大意的命运之神就这样把他们俩人的手牵到了一起！”（引用蒙城华裔女导演和晓丹语）

在那个为爱举行的大聚会上，研究人类爱情的洋博士用一张折叠的纸，用一根小木棍穿透折叠纸的演示，诠释爱神丘比特的神箭已经穿过了他们两人的心房！

此刻，五十五年的等待，终于有了结果。

洋博士说人类在爱情的面前是没有年龄的，这话似乎已经得到了验证。虽然拿这花束的那双手已经不再年轻。

想起那天在她家，她给我看她为法国尼斯的见面准备穿的一些美丽的花衣裳，看那些漂亮的饰品，而且居然还谈到了女人私密的话题……

Love，是人间最美好的事情。想起陈丹青曾经问木心的话："这个世界已经这样了，那我们能怎么办？"木心的回答只有一个字：Love。"只有从爱中人类才能完成自身的救赎。爱人类，朋友之爱，友情之爱，亲情之爱，世界之爱。当然，还有爱自己！"

我想这些伟大的爱中，最吸引我们的，也最强大的应该是爱情吧？！那种生死之爱，虽然不多见，但一旦出现，就会惊艳人世间，流传千年。

从西山走访回来的第二天清晨，醒来时，窗棂被晨阳笼罩着，很惬意很暖心。突然心里就有一股冲动，胡乱地抓起床头柜上的纸和笔，任思绪如一泻千里的瀑布流淌：

站在秋的路口

——为爱而作，赠友人

爱是淡淡的幽香，
陪着岁月和异域。
无关乎千山万水，
心系明月
听地心的呼喊。
今已几许？
没被时光淹灭，
几许秋风将起舞，
落叶璀璨。
最终有幸相约，
于秋的路口。
五十五年心中孵化的诗，
容颜未改，
寻你千百度。
归去，登上飞往法兰西的飞机。
上苍祝福你，每个洒满阳光的朝朝暮暮。

为她的爱把自己感动在 Montreal 这个秋天的晨曦里，暖暖的阳光洒满整个房间。

真好！

为爱祈福！

其实，女人和男人的故事常常是从一次感动开始的。这感动或大或小，有时常常是微不足道的一次帮助，有的是一份说不出的精神感动，让女人从此陷入一生！

今天与一位朋友说微信，心中不禁想起许多往事。

法国之约，地中海的等待，海岛的跨海越洋电话，一次次你回国我出境地完美错过……

宿命，也许这就是宿命吧！

早起，R 告诉我说，他出发去温哥华岛，途中要翻过洛基山到班芙，并给我发了一些洛基山的照片。牵起那么冗长的一段回忆。

那一脉让我面对它时泪流满面的山峰呀，那连绵起伏的山峦——

又一次想起李安导演拍摄的电影《断背山》。

凄美、决绝的爱情故事一遍遍在这个人世间上演，从没停止过。

半个月，静下来的情结和心绪让我渐渐回到一年前的状态。不为生活所累，不为房子所牵的海岛日子里，逍遥自在。那时的情感和精神状态完全不在现实里，那是一种接近写《窗外》《后窗》和《末路狂花》的状态。

享受那些美妙的创作时光，弥足珍贵。

重新拾起那些喜欢的书，放在桌子上，尺间不到的距离。竟是那样的熟悉、温暖又陌生。好久没有亲近它们了，有些许的生疏感。

重拾它们在枕边，似乎找回一些以往的温情和思想上灵魂上的光！

我离不开它们，我清楚地知道这一点。

“此去他乡，万里之外，就真的是一个人了。从此故乡只有冬夏，再无春秋。”

我还有故乡吗？

我是一个没有故乡的人，我在很年轻的时候写过一篇关于故乡的散文，其中有：“有只燕子在空中流浪，它找不到回归的故乡。”

2022 年，中加国际电影节上，我被莫言给予故乡的定义击中，只不过“血地”对我来说有着双重的含义。Montreal 雪夜如箫的晚上，睡不着时，我一遍遍读野夫的《童年的恐惧与仇恨》。后来我才渐渐明白，为什么潜意识里的漂洋过海；为什么没有故乡的认同感？是因为血地，双重的血地。

我对故乡的认同很怪异，心灵与出生地的差别让我总是陷入内心的孤独。我始终认为，故乡而非出生的地方。我更尊重精神而非肉体，寻找心灵的家园远比寻找出生地要难得多。那一刻我突然明白一个道理，人是需要心灵归属感的，心灵的故乡远比现实中出生的地方重要得多得多。这道理其实很简单，可惜我却用了几十年去解读它。

听到一段央视节目主持人白岩松对故乡的解读：故乡就是小时候你特别想离开，当你长大后又特别想回去的地方。

照这个说法，我应该是个没有故乡的人。因为小时候我特别想离开的那个地方，长大后我从来没有想到要回去，而且我应该从心里是排斥的。

So，我是一个没有故乡的人！

我相信这样的想法不止我一个人。

三十多年前的仲秋，我曾独自骑单车穿行在北方的原野上，去寻找我对荒原的记忆。北方的原野随处可见农人忙碌的身影和大片等待收割的庄稼。秋风在阳光中唱着挽歌抚过大地。刚刚秋翻过的一眼望不到头的黑土上，拖拉机在不远处作业轰鸣着。

而我却越走越迷茫，越找越陌生，最终竟没有了走下去找下去的勇气！

许多文学家们也在寻找他们心灵里的故乡，甚至穷其一生。很庆幸，我和它不期而遇！

十几年前，当我第一次从人民银行拿了兑换出的一摞印着枫叶的加币时，情不自禁地吻了它。也许，那一刻我注定了要和北美的枫叶相遇，这是缘，也是我的宿命。

如果有来生
将自己站成北美的一棵红枫
一半在泥土里安详

一半在秋风里飞扬
一半洒落阴凉，一半沐浴阳光
非常静谧，非常骄傲
如果有来生，将自己站成永恒
在北美的大地上，恣意纵情
春天里嫩绿，秋天里彤红
当清风吹过山岗
整个世界都被浸染秋浓

我曾把红枫叶和小区湖面上的夕阳联在一起比较。小区的湖心公园近在咫尺，秋天的晚霞是我见到过的最美丽的夕阳。当庭院里的大枫树通体火红；当湖面的夕阳残血般浸染天际的时候，我会久久地伫立在它们身旁。我揣度它们生命的意义，我试图破解它们在生命的最后时刻，拼尽全部将自己燃烧的勇气和信念。残阳如血，枫林尽染。是它们在天地之间最完美的形象。

“落霞与孤鹜齐飞，秋水共长天一色”。想起古人的这诗句。

这个北美的深秋啊，注定是我生命中的一个旧地，是我在 Montreal 最深的记忆。

岁月可以老，我对枫叶的情怀不老，也不会老。它只会随着岁月的变迁，越发的浓烈如陈年的酒！

满庭院的枫叶红了，红得如火如荼。从没有过的景色。红叶落了一地，拿着扫把清扫时，总有些于心不忍。那是一幅人间绝美的油画！

我喜欢枫叶，喜欢它的形状，喜欢它那一抹秋红。秋深时的一树红枫叶，在风中爽爽地歌唱……

那是一种让人痴迷的意境，就像在一个美妙的梦里，迟迟不愿醒来。

读到徐锦川先生关于木心的漫谈，看到文章后面附的简历，他是一位很有创作能力的作家，写了诸多的电视剧本。想起与他共同相识的野夫，他们都是很有个性的中国作家。

能够在活着的时候给自己弄一场死后的葬礼，够劲！

与他约稿谈木心。

期待乌镇之行——

又听雁鸣——

最后的一批大雁鸣叫飞过 Montreal 初冬的天际。那排开的雁阵一字人字挂在蓝色的天幕上，甚是好看。

站在庭院中抬头仰望那晚走的雁阵，口中喃喃自语："唉，怎么才走呀，天冷了呢！"

是怜悯那雁，还是怜悯过往的自己呢？只有经历了人生风雨的人，才能有如此的情怀吧？

今天的雪下得很柔软，望着窗外房屋上披着的雪衣，心里竟也是软软的，说不出的温情，在进入冬天之际。每一幢房子都像是一座艺术品，组合在一起，仿佛巨大的星际积木散落人间搭起的玩具建筑群。雪天里的宁静使这本就静谧的街区更加安详。

冬天是上帝送给北美的一个童话，是因为雪。有了雪的冬天，在这个别样的伫立着一座座酷似巨型积木的建筑群中，还有那落去了一身绿的枫叶树依然在冬天的雪中将自己站成一道独特的风景，北美人就有了一个别样的雪世界。

感谢这个初冬的雪季，感谢护我周全的神灵们！

2021/今天冬至。

早起，读到一篇关于加缪的纪念文章。这位生活在法国的作家竟然离开这个纷杂的世界已经六十年了。

他走的那年是 1960 年，那一年我才两岁。

他英俊潇洒，二十九岁写出惊人之作《局外人》，四十四岁获得诺贝尔文学奖。然而他却在获奖三年后的 1960 年死于车祸。

最荒谬的却是他曾经说过：没有比死于车祸更荒诞的事了。一位荒诞哲学的代表作家却以如此荒诞的方式结束了一生。这真是一件让人费解的事情！

难道这也是宿命？

他的墓碑位于法国小镇卢尔马兰。

阿贝尔·加缪：一切特立独行都意味着强大。

《局外人》主人公墨尔索之所以被判刑，是因为他拒绝参与这个社会设定的游戏，坚持按照自己的处事原则去生存。他的坚持自我，拒绝撒谎，抗拒合群，让社会感到了威胁，在同化不成之后，他们选择从肉体上消灭了他。

我想，在任何国度里，“做自己”都是有难度的。

这让我对某位大人物的“丧 ”有了更深刻的理解。合群制造的幻觉是一时的，生活中的鸡零狗碎烟火气是表面上的热闹，被困在躯体里的孤独却是长久的，无法被排遣的。

“所谓的局外人，并不是社会抛弃的人，只是看透了人生苦短的本质，从而选择不把时间浪费在讨好他人的游戏上的人罢了。”

我总是在雪夜如箫的午夜读加缪的《局外人》，我何尝不是一个局外人呢？！

今天 Montreal 下了一场银白的雪。

我发了朋友圈：总是在北美的雪夜里读他的小说。他离开这个世界的时候我刚两岁。那个时候我不会想到几十年后我会在北美的雪夜里一次次复读他的作品，我也成为他小说中的“局外人”。透过他六十年前的文字，让我看到了文学的不朽！

纪念他，如同纪念自己一段游历在尘世中被洗刷的灵魂。

庚子鼠年 2020 在全世界冠肺病疫情泛滥中走向了尾声。此时此刻，我在北美的家中，这是 2020 年的最后一个夜晚。

窗外，是被铲雪机清理过的街道，对面有从别墅的屋檐下射出的灯光，还有绕在大树上的彩灯。那是圣诞节的灯饰。

今年的圣诞节那天没有下雪，而是下了一天一夜的雨。孩子们都在担心没有雪，圣诞老人的雪橇怎么办？

据消息报道，美国电视台就疫情问题回答了孩子们的担心。加拿大总理特鲁多也在电视上发表讲话，让孩子们不要担心，圣诞老人会如约而至的。

在海外，圣诞节对亚裔的孩子们来说，比春节更受他们的欢迎。

我在抓紧时间，把手头上的书读完。

对我来说，读书犹如回家。

从摩洛哥去加纳利群岛——

几位文友从 Montreal 出发去了摩洛哥，再从摩洛哥进撒哈拉大沙漠，出来后直达加纳利群岛，去看三毛的故居——加纳利岛，泰尔德镇，维嘉路三号。

这旅行因我而起，最后我却因身体不适没有成行，只好宅在家中，听三毛的录音。

那声音一下子把她从遥远的大沙漠拽回到现实生活中，原来她也是一位活在滚滚红尘中的文学女子。

她的故乡是四川。成都，是她从台湾从海外一次次往返的地方。因为那里是她的故乡。有故乡的人是幸福的。尽管他们其实在那里已经没有过去的老屋，但那个地方却是他们的根。有根的人是幸运的，就像植物和树。我的故乡在哪里呢？突然又想起早年写过的一句话：有只燕子在空中流浪，它找不到它回归的故乡。

我就是那只找不到故乡的燕子！

所以，我说我是地球人。

也许当 AI 智能人来袭时，地球就是人类共同的故乡。

这一天，美国的前总统下台，新总统拜登就职典礼。

这一天不仅是美国人的大日子，也是全世界的大日子。毕竟，美国的时局影响着世界的稳定！

赢得了选举的拜登携着副总统，美国的第一夫人迈着有些老态的步子走上典礼台——

不认输的川普被迫离开白宫，在登机前与前来送别的家人道别。那一家人的脸上泪水涟涟。我注意到连那几个五六岁的小孩子也眼含泪花。

两位八十多岁的老人开始了互掐模式。

突然，心里就很有感触："何必呢？！"

我知道父母的政治生涯会给一个家庭及子女们带来怎样的心理创伤，不论成功与失败。

也许，因为我不是政客，我感觉不到在那强大的权力面前的至高无上，但童年的记忆却让我和那些孩子们感同身受。

恍然悟到，这一切的一切仿若一场虚设，是上帝在地球上玩的一个游戏。的确，人类不过是上帝在地球上玩的一个小把戏！所有的是是非非，荣耀与黯淡，成功与失败，输掉与获得都像那游戏中的一个个筹码在棋盘上移动，拼杀、角逐——

而玩游戏的人，却在一旁隔岸观火，淡然地不露声色地笑着——

拜登的上任，解除了对中国留学生和部分高科技人员的签证禁忌。这在某种程度上却是实实在在的好处。但之后会怎样呢？

So，新的一轮游戏又开始了——

木心的文字，他的流浪意识感召了我。

听陈丹青讲木心，越听越刻入骨髓：文革毁掉了一批人，木心是少数的幸存者，所以他的文化没有断层，所以现在的许多评论家理解不了他的作品，特别是他的诗。

非常喜欢《从前慢》这首诗：

从前的日色变得慢
车，马，邮件都慢
一生只够爱一个人
从前的锁也好看
钥匙精美有样子
你锁了 人家就懂了

木心说：文学是可爱的，
生活是好玩的，
艺术是要有所牺牲的。

我被他这简单的几句话说得好想哭！

今天读到两句话：

选择自由，承受孤独。选择相爱，背起包袱。

我宁愿选择孤独！

今天读书，看到刘索拉说，真正聪明的人有两个特征：一是很难快乐；二是解构一切。我想了好半天，也没弄明白。

我并不是一个聪明的人，但我的确很难快乐。从很小的时候起，我就是一个悲观主义者。这一条，看来她说得不对。至于解构一切，我的理解就是思索一切，质疑一切，拷问一切吧？什么都去质疑，什么都去拷问，什么都去思考，是不是会太累？！所以说我不是一个聪明人。

我是个愚笨的人，既快乐不起来，又不会去解构。甚至连自己都解构不了。这么想时，似乎连活下去的勇气都没有了。以往的那些刚直不阿，桀骜不驯看来都是假把式。

想起梵高的那句话：在无情的世界里，多情地活着！也许，生命的存在需要一点阿 Q 精神！

2021/三月八日，由 Montreal 飞往 Edmonton，接受命运的安排。

命运又是什么呢？有位作家说："命运就是你不一定想走，但不得不走的路。"

清晨的机场很冷清，没有几个人。

飞越冰河时，机舱里有些冷，靠在舷窗边俯瞰茫茫冰河延伸到天边，无边无际。加拿大的淡水湖泊一个连着一个，超级多。所以，加拿大是世界第一大淡水湖的国家。占世界 3/5 的淡水系都在加拿大。

这趟飞行的距离不亚于从东到西穿越整个加拿大。还好，不像飞温哥华那样，至少空中不用倒时差三小时。

思绪飞腾，灵感频频闪现：

问：有生之年你最想干什么？

答：我想跨越地球，和你在太空中做一次深度旅行！

这是我关于那个超时空里男主和女主的一句对话，那个故事有点像《复老还童》。只不过，还童的是女主。

理想很美好，现实很骨感！

今天星期日，也是二月里的最后一天了。

清晨，Jessica 和 Sophie 一起醒来，在大床上嬉闹。一缕晨阳透过小小的拱形窗射进房间，幻灯般打在床头的墙上，嫩黄色，长长的一条像投影。抬头望向窗外，金色的太阳放射出刺眼的光芒。看来今天又是一个大晴天。

雪停下时，一切都是静美的。

昨天的特大好消息是 Jessica 收到了西岛私立学校 Charlemagne 的录取通知书！这真是个大好消息。两年来，搬家、卖房子、买房子，一顿折腾都是为了 Jessica 和 Sophie 能在这所学校里读书。这是一所非常好的私立学校，加拿大学校里排前名，从学前班可以一直读到高中毕业，只是他的招生很严格。两个小家伙做到了，为她们点赞。从此，她们姐妹俩可以在这里快乐地读到高中毕业了。

终于，一块石头落了地。

世上只有一种成功，就是按照自己喜欢的方式过完一生。

我想，我可以！

春天来了，大雁回飞了！

几日散步，偶听天空中雁鸣声声。抬眼望去，苍茫的天幕上有雁阵飞来。春天又一次来到北美。

已经记不清是第几个春天在北美看雁阵回飞了，每一次站在秋天里送别雁阵，心里都充满了秋的惆怅与不舍。记得在老房子的一个深秋，院子里又听见大雁从头顶飞过的叫声，不禁对着远飞的大雁自语："唉，怎么才走呢，天很冷了！"那句话是由衷的，不知那队雁儿可听到？如今，天渐暖了，大雁回来了，不知它们这一路经历了怎样的艰辛，又有多少飞不回来的呢？

雁和人一样，都面临着生存的考验，都不容易呢！

雁阵嘶鸣，一排又一排，一群又一群地从天边飞来，仿佛无穷无尽……

"好大的雁阵呀！"我在心中感叹。我不是一位悲秋的文人，但我对雁鸣极其敏感，敏感到心碎。为那些每年两次迁徙远航的大雁们。面对生存，它们比人类更不易。

望着渐行渐远的雁阵，心里响起那首大雁的歌："雁南飞，雁南飞，雁叫声声心欲碎。不等今日去，已盼春来归……"

春来雁归，秋去雁飞。古往今来——

大雁像天空的精灵，把绵延的思念留给陆地上的人类，把生命的航道定格在高远的蓝天——

今天是清明节，窗外下着雨。

太多的遗憾都成了一把把刺痛我的利剑，扎心！

下了一天的雨，天雾蒙蒙的，我遥望东方的天宇，遥寄对父母的思念！

这北美的大地啊，茫然辽阔之间，隐藏着我那么深的愧疚与遗憾。

这辈子，终不能抵了！

请用一枝玫瑰纪念我
当有一天 我离开 ，请送我一枝带刺的玫瑰
诠释这一生走来的路径和状态
我不会温柔地对待世俗
也拒绝妩媚于权贵之间
桀骜不驯，让我吃尽苦头
但也换来满庭花儿盛开
花儿开在心房的暖阳里，孤独地站立
永远的自己没有一束光的夜晚来袭
隐忍坚强地走过北方大地
天也高冷，大地皲裂开来
终于，太平洋的波涛汹涌澎湃
远航在北海的港湾
田野 白云 草地，满山的红枫叶
仿佛是心灵中的旧地
就这样吧 住下来，也许世世代代

杜拉斯谈写作：

写作的时候都是孤独的，就像掉进一个洞里，在洞的底部，那是一种几乎是绝对的孤独。写作就是不说话，写作就是写作。

只有发现孤独，才能够写作。没有任何主题，没有任何可能的想法，可以写到书里。什么也没有，仅仅是写作，枯燥而赤裸。可怕……

我想是命中注定的，谁也逃不过去。此时……

没有怀疑就没有孤独，那就不会有写作。

看到玛格丽特•杜拉斯的视频讲座，是很幸运的一件事。

她会知道在她离开人间多年后，还有人这么热爱她吗？

想起多年前那个飘着小清雪的初冬，我在北京西单图书大厦里邂逅了她。当我捧着一摞子她的书跳上火车回北方时，我是多么的激动。从那时起，她的书就没离开过我的案头。她的故事、她的写作风格、她迥于其他人的想象力和独特的构思以及猜不透的语言魔力，都深深吸引了我。很多年，我都跟她在一起，是她陪伴了我北方那么多个冰冷的夜晚。

关于泰坦尼克号——

我站在泰坦尼克号沉没的大海边。其实，那不是海，那是洋。

那大洋下的船只记得，那天发生的一切，我想那片海记得，包括不远处的灯塔。几十年后，活下来的姑娘蜕变成一位白发苍苍的老妪。其实，她完全可以卖掉手中的那颗“海洋之星”换来一世的富足。可她却偏偏选择了一生的清贫。八九十岁，当生命即将走到尽头时，她又来到那片海面，伫立船头的甲板上，凝视那滔滔的洋面，嘴里念着那位男主的名字，奋力将那枚“海洋之星”投进大洋中——

我不知道，自从那次沉船事件发生后，她是否去看过那艘静静睡在大洋岸边上博物馆里的残船？如果那还能称为一条船的话。因为那是残破的在海里打捞上来的部分外壳。

那是一个悲伤的爱情故事。

我在那大洋边上迎着风伫立了很久。

远处的灯塔斜阳下泛着一束金光，洒在大洋上。

给魁北克作家协会讲报告文学写作——

我讲的题目是《荒原采访与我的报告文学写作》。竟然洋洋洒洒讲了两个多小时。近三十年的记者编辑生涯，积累了那么多的故事。关于那片荒原，以及那片荒原上奋斗、挣扎的人群。所有的记忆都在那一刻回到脑子里。

那晚，我失眠了，记忆的闸门轰然打开，睡不着时，提笔写下：

在没有月光的夜晚
星星穿过池塘里芦苇的缝隙
守着那一缕微弱的光
如同守着荒野沉寂的心

今天是2021年10月31日，金秋十月的最后一天，也是北美的万圣节。

早起，应该是从昨天晚上开始，天就淅淅沥沥地下起雨来，窗外殷红的枫树叶在雨中如同一片片的血！

隔窗望去，听到雨滴打在枫叶上“啪啪”的响声，虽不大，却在这寂静的雨中清晰可辨。

西方的万圣节里，孩子们会扮成各种样子，去挨家挨户敲门索糖。我们也早早准备好了巧克力，外加一大袋子糖，等待别家的孩子们来敲门。

西方的万圣节，家家的门前都会扮上，很是恐怖。这时候的我，是万万不敢一个人出门的。

没有任何外界干扰地任肉体蛰伏于地的自甘内卷，过着躺平的生活，一天天任时间像砂粒般刮过周边。然后再去翘首察看峰值的高度。在每一个晚霞极不真实地铺染润色西天，看那巨大的画布上被泼上七颜八色的涂料。Who，斗胆扯下天幕做了画布，恣意涂鸦？

在这初冬后的秋里，一切都那么不真实地与日子并存，燃烧存在主义高举的火炬。在梵高的画里，星空炸起，夜，裹挟着最后的残霞舞动出一个个带着小尾巴的星星，布满天际。星空俯瞰大地，蝼蚁的世界里，早已厌倦的人类。

Why？

Facebook的改版，昭示虚拟世界的到来。星空、宇宙、人类，将是怎样的一场Great War？

肉体的人造出智能机器人类后，将会怎样收场？

一切皆为必须？人类不过是那个造物主遗忘在地球上的一个小游戏？哪来那么多的意义。想起一位作家的名言："别太把自己当人"。对这句话的解读应该有N个版本，最糟糕的是大众认可的"人"。其实，当人又能怎样？人在宇宙中如此渺小，卑微到尘埃里。So,还是不当人的好！还是余华说得对，《活着》。既然是活着，那就简单了。内卷也好，躺平也罢，就不再去翘首查看峰值的高度，只管在一个个历史的拐点上来个漂亮的转身，不问生死，只看红霞满天。

Why？

又一次站在湖边望向血红的夕阳燃烧于整个西天。浓烈，悲壮的仪式感仿佛在向白天告别，在它落下去的那个瞬间。撕裂的胸口上，淌出的血浆浸染天际。它拼足了力气，将最后的繁华留给大地。

我的眼眶开始潮湿，有一股冲动。为那血色的黄昏，为那燃烧的西域，为心中那还未泯灭的期盼。

提笔写下：

《题夕阳》

站在秋的路口
夕阳如火焰般艳红
燃烧，毁灭前的升腾
如鹰，重生在下一个黎明！

今天是 Sophie 生日，四岁。（2021 年 11 月 29 日）

Happy birthday!

人的生命如此神奇，转眼 Sophie 已经满四周岁了。这是岁月的积累，一年年的叠加，也是万物的自然生长法则。

肉体的人、宇宙的空间、遥远的太阳系，智能的机器人……

生命存活在这样的一个时空里，是有幸与无幸的，但起码，作为肉体的人，我与她的邂逅，在这人间的维度里，我是幸运的。有她带给我们许多的喜乐。当然，除去那些繁累，快乐也是蛮多的。她稚嫩的言语里常冒出的那些超出她年龄范围的警句，让我在惊诧中引发思考，是一种对个体生命的思考。她是谁？真正的她，原本的她，那个住在她幼小肉体里的那个她是谁呢？她为什么能时常说出那些不可思议的话来呢？比如昨天，我们仨（Jessica、我、Sophie）碰杯，喝我新买回来的苹果酒（汁），她喝得津津有味，竟然非常富有表情和想象力地说："妈妈回来，推开门一看，哦，孩子们喜欢喝酒？！"她说时小脸奇异地笑着，扮成怪模样。这完全出乎我的预期，她到底是谁呢？

每一个生命里住着的其实都是我们不知道的某君，也许，这就是我们通常说的"灵魂"的那个我吧？！

三岁半时，她的爸爸得罪了她，她竟然对我说：我和姐姐，还有妈妈和你一起去 Edmonton,让爸爸一个人在家孤单！她居然用了"孤单"这个词。她在幼稚园里只说法语和英语。

昨天，她的姐姐 Jessica 从楼上跑下来说："下课了妈妈"。还没等她妈妈张嘴，她很快地接话："那你可以休息一会。”

谁教她的?

她是个不可小觑的女孩呢!

期待她长大，期待她与众不同，期待她给这个世界、给我们带来惊喜!

祝她一生幸福平安！！

总会有那么一首歌，唱出你的希望与绝望，直唱到你心痛。比如：《可可西里的牧羊人》，唱得人肝肠寸断，听得我泪眼涟涟，唱得那过去的一幕幕又重返眼前……

七年前，我从 Montreal 飞往美国东部的 Rochester,飞机的舷窗下是美丽的密西西比河。

回忆如昨。

枫叶与白求恩在我的记忆中始终是有关联的。这是一种习惯性记忆，源于很多年前毛泽东的那篇题为《纪念白求恩》的文章。在那篇文章里我知道了这位加拿大人，知道了他来自那个飘满红枫叶的国家。

小广场上很空旷，那尊雕像是唯一的建筑。周围是青青的绿草地。那雕像不算高大，却质地优良。洁白的玉石在秋天的阳光下栩栩如生。就像白求恩站在那里一样。

我停下脚步，凝神地望着。午后的阳光很妩媚，让我想起童年少年的许多过往，想起那个青春期的小女孩……

生命真是一件值得珍惜的礼物，在这个过程中你不经意走过，而它呈现给你的却是五光十色的美好，就如我四五十年后来到这里，我做梦也没有想过我能来到少年的梦里，透过阳光看少年时的梦境那是一种怎样的情怀？只可惜，我们在路上走时，常常忘记了停下来看看两边的风景，看看即将沉落的夕阳，回头看看我们童年少年的梦境。

我曾经说过，人与人之间的距离似星球与星球之间。人一生下来就是不同的，有些东西是无法学习的。就像白求恩，也许命中注定他就不可能是一位平凡的人，他不可能过着平凡的日子，走俗世间平凡的人生路。这是我们与他的不同。

秋阳暖暖的，几片鲜红的枫叶飘过来，落在白求恩的身上，然后又轻轻顺着那雕像滑落。是秋的问候吗？我在心里轻声自语。但愿每一年的这个时候都有枫叶来到他的身边，那是中国人民对他深深的敬意和怀念！

雪夜里的回忆总是甜美的，带着淡淡的伤感。不论是在亚洲还是北美，雪花都从空中飘落，都是那样悄然无声，而我的心却如空中的雪花翻腾着……

噢，这蒙城的第一场冬雪啊！

我最敬重的那位作家走了——

张洁，是我心里非常敬重的一位女作家。她的《沉重的翅膀》《爱，是不能忘记的》《世界上最疼我的那个人去了》。

这三部作品，是那样影响着我的思想和写作。它们是我精神世界里的粮食，如同法国女作家玛格丽特·杜拉斯。虽然她们所在的国度不同，性格迥异，但她们的文学作品、电影是那样吸引、引导我的人生和创作方向。玛格丽特·杜拉斯去世后，我遗憾为什么当年我在巴黎时没有前去拜访她？那时，她也居住在巴黎。后来，知青作家陆星儿走了，是在我正准备春季去采访她时。现在又一位我敬佩敬重的女作家走了。在我心里，张洁是中国文坛上称得起“先生”的人。

张洁说：中国大多数的读者是读故事，而不是读文学。这跟我们小说产生的历史有联系。

2013 年，张洁移民美国，居住在纽约的一所公寓里。2014 年，她短暂回国，借画展“道别”。“我已经找了律师立下遗嘱，遗嘱里面写了，我死后不开追悼会，不发表纪念文章，不要写任何怀念我的文章，也不要纪念我。”

她是看透了作家圈里的真相，看透了人生，才让自己什么都不留的。

从虚无中来，到虚无中去。《无字》是她给自己留在人间的“无字碑”。她是大智慧者。

这人间进不得，一旦进来，就浸染全身。不是吗？

想起一位好友的自言自语：“下次不来了。”

路易斯（Dr. Ross）终于辞去复旦大学外教的工作回澳大利亚了。他说，我第二次把他扔了。

我无语。

第一次是在中国春节的时候，我们俩在海岛上的家中大吵了一架。那是刚刚驾驶帆船从远海回来。分歧是，他要在中国买一艘帆船；而我要回加拿大定居。

那次出游，他把“海伦”的后车镜撞碎了。“海伦”是我在岛上的甲壳虫敞篷车。我当然知道他不是故意的，但我还是非常生气。因为他不了解我对“海伦”的感情。我拒绝了他去修理的好意，自己开着“海伦”去修理店换灯。一路上不停地对它说：“Sorry!”

第二次，是我回到加拿大，他回澳大利亚处理他的退休金和检查身体。我们从北京出发，说好在加拿大 Montreal 汇合。这一次应该是我的不对。面对女儿一家，我无法想象路易斯（Dr. Ross）长时间离开他的儿女和小孙子孙女们会不会怨我？他的小孙女非常可爱，白白的皮肤，金色的头发，大大的蓝眼睛，像她的姥爷。两个遥远的国度里，两个东西方的家庭，当我和我的孩子们享受天伦之乐时，他会不会想念他的家人呢？我是不是太自私？

那时的我，思维还很中国。后来听朋友说，其实澳大利亚和加拿大是四国联盟中的两个国家，完全可以自由选择居住地的。

半年过去了，Dr. Ross 不停地对我们共同的朋友们说他很想我，说我又一次把他扔了的话题。我不停地接到朋友们的劝解电话。

我说服自己，重新燃起对他的感情，在我决定“你陪我一程，我陪你一生”时，接到他的来信。他说，他在澳大利亚找了一位新女友，也是华裔。

我听后，如释重负地叹了口气。瞬间，又莫名有一丝淡淡的伤感。那晚，我在日记本上写道：Dr. Ross 找了位新女友，这对他是好事，但不知为什么，心里还是有些莫名的失落。我问他能否为我保留那枚为我买好的婚戒？他没回我。空气中瞬间飘过一缕淡淡的蓝色忧伤……

其实，我只是想要一个纪念而已！

今天是西方的情人节。

早起，Jessica 和索菲 Sophie 换上带“心”字的红毛衣分别去学校和幼稚园过情人节去了。

“小屁孩，还过情人节？”这真是东西方文化的不同！望着她们俩兴高采烈的背影，我自语。

想起早前我曾写过的一篇散文：《没有情人的情人节》那时候年轻，有激情，心里还有一份对情感的执念。而如今，经历了殇，剩下的只有平和与岁月静好。

与 KK 通电话，一份不是期待的期待。像电影《脸庞 •村庄》中的阿涅斯，创造一个北美的奇迹旅程。

很多年过后，突然明白，其实人常常想要的只是一个心里的念想。那个念想在，就有一份精神上的支撑，就心怀期待，就在自己的心里爱无限。你有没有想过那句：“如果到最后，我们还各自没有找到——我们就——”更像是一句美丽的谎言？既欺骗对方，又欺骗自己。

但那却是你活在理想里的火光与自信！

听，雪落的声音——

昨天下了一天的雨，整个庭院里的雪都融化了，“吧嗒吧嗒”大团大团的雪从树干上，栅栏上，屋檐下不停地往下掉。积压了一冬的雪儿似乎嗅到了春的气息，急不可待地落降到地面，地面露出一片片的青草。我以为北美的春天来了。由此想到那只冠军明星——土拨鼠。看来它在今年立春那天出洞后，在太阳下看到了自己的影子应验了。

枕着春天的信讯和那挂在满树上晶莹的水珠入睡了，一夜无梦。

凌晨，天刚蒙蒙亮，睡眼朦胧中听到窗外铲雪车的声音。怎么，铲雪车还能铲道路上的积水吗？手机里看到前方记者发来的渥太华卡车自由车队冒雪站街的小视频。渥太华下雪了，我们这里却在下雨呢。渥太华与 Montreal 的距离并不远，两地的气候差距不应该这么大的。疑惑中撩起落地窗纱，Oh my god! 窗外，又是一个白雪皑皑的童话世界。

大自然总是给人类惊喜，在你完全无意识的情况下。也只有这北美才能看到这美丽奇异的景象了！

2022 年的立春不同寻常。

这一天，北京冬奥会拉开了帷幕，张艺谋导演的以雪花为主题的开幕式让世界瞩目、世人哗然！

这一天，中国江苏锁链女事件被公布于众，社会愤然！之后是一位作家的讨伐文章，再之后是百位北大学子的呼吁、九位女诗人的呐喊。

这一天，加拿大的民俗，正以一只土拨鼠出洞是否看到自己身影来判断今年春天的早晚。

这一天，加拿大卡车司机自由车队长达 70 公里从各省市向首府渥太华集结，游行示威，抗议边境检测及疫情检测税法等规定。

这一天，我们《华侨新报》以整版篇幅刊登了前线特约记者发回的《爱自由》文章。

这一天，我们努力挺起新报，三版副刊，改版成功。

这一天，我们家别墅搁置了三年的 Basement 开始装修。

这一天，我家的“一帆风顺”开出了第一朵花。那花纯白，真的很像船上的一领白帆！

想起与 Dr. Ross 在海岛上玩帆船；想起那个帆船俱乐部；想起住过的那个海边帆船酒店；想起那个晚上，Dr. Ross 开着“甲壳虫”去很远的小镇上喝酒，我躺在床上发烧；想起 Dr. Ross 回来后望着我内疚的目光；想起海上那白帆升起时辽阔的海面……

这真是个闹腾的春天！

猛然想起那句老话：立春草木知。

在北美买了第二辆甲壳虫敞篷车。

我终于将甲壳虫敞篷二代车开回了家。它和海岛上一代的那辆一模一样，只是车棚的颜色略浅了些，奶茶色。因为这是二代，与一代相比更先进，更好看，更有时代感。目前这种车已经下线了，所以，它是绝版。

遇见，上帝让我在北美又一次遇见我心仪的爱车，我的心里充满了感激！感恩上帝对我的眷顾，感谢孩子们对我的帮助，那么远的路途，终于在春天里将它开了回来！

遇见是一种缘分，我摸着它的头对它说。

当我驾驶着它奔驰在北美大地上的时候，我总是有一种恍惚的隔空感，仿佛是在梦中，那么的不真实，却又那么真实地在我北美的生活中。

它在那车行里整整等了我一个冬天！

我以为我和它要错过了。

一切皆有天意！

这是我人生对车的最后一个愿望，孩子们帮我实现了！

谢谢他们，终于可以为我做点什么了。

人生，似乎越来越完美，越来越好了！孩子们是，我也是！

有书读，有车开，有报纸看，还怕什么呢？足矣！

感谢上帝让它在车行里等我，就像与海岛上“海伦”的相遇。

人与车，车与人绝对是有缘分的！

仰望星空——

若有一天，你心中的情结不能用语言说出来，那就抬头看看星空吧，它那么大，还有梵高的画，想想梵高的“星空”，一定可以容下你心里所有的难过和委屈。因为从今天起，你的好运来了，你将接纳各种好事。快乐、健康、幸福、财富。这些都开始进入你的生命。你将开始变得无比幸福，无比富有，无比健康，无比快乐！

陶瓷小镇——

今天和 Cin 驾车去了陶瓷小镇。

好美的一个小镇。车进山时，路面很宽，一面坡的山体上是嫩绿植被。山体看上去很绵软，完全没有洛基山冷峻。

小镇很法式，有那么多的艺术工作者在小镇上过着浪漫的法式生活，开着自己独特的画廊，任性地搞着自己的艺术创作。

陶瓷的门票一个人四元加币，而且还能反复使用。

我们走进去，挨个展厅仔细观赏。西人的创意总是很特别，带着浓浓的西方色彩。他们还把那些破碎的陶瓷片放到一个方形的铁网柱里，五颜六色的瓷片堆积在一起突然就出现一种别样的艺术效果。

我们都买了各自喜欢的咖啡杯子。

然后我们来到小街上，看到一家有百年历史的小型电影院，还有一幢幢非常漂亮的法式老房子。

返回的途中，我们去了隐在山林中的一家日本温泉馆。

真是惬意的一天！A beautiful day!

双“十一”那天，我们三个女人去离家不远的 Point Claire Village 小镇，从下午逛到傍晚，然后选了一家西人的教堂餐厅坐下来聊到晚上 9 点多。Cin 说没酒好像不是那么回事，我们要了一瓶白葡萄酒，每人又点了一份 Salad。我们把座位选在造型门旁，前面是教堂式的大酒柜，直抵挑高的天棚，看上去空间感极强，也很具有教堂风格。

三个女人，喝着白葡萄酒，边吃边聊。Cin 本是要开车的，也情不自禁地喝红了脸。

谈得肆无忌惮。谈男人谈女人，谈生活谈挣钱，也谈了性爱。

人，从童年长成少年青年，恋爱时，恨不得将两个人融化成一体，但到了老年，多数人选择渐渐剥离，又活回到初始的自己，甚至到生命完结。为什么会这样？我说，这是我最近在探索的一个课题。现在终于想明白了。

许多时候，朋友之间的碰撞，会突然打开一扇门。

傍晚，我们逛为迎接即将到来的圣诞节装扮得诱惑十足的小店，一个个，饶有兴趣。真是好运气，我又一次邂逅了梵高的画。那些画被印在一个个精美的陶瓷杯子上，它们静静地躺在一个精致的盒子里，那盒子的里外都是梵高的向日葵画像，真美。我如获至宝地抱着那印有灿烂向日葵的盒子走在初冬的小街上。望着路边一排排为圣诞装扮起来的通体透明的灯树，仰望星空，如遇老朋友般温暖。

在肉体囹丧的日子里，思想依旧——

灵感的碎片，在生活的琐碎中遭遇碰撞后又顽强地拼接起来，拾回无处安放的灵魂于守望麦田的星空里，一切安然。

再过 30 分钟，Cin 会把车停到窗外，我下楼，然后我们去市中心的一家酒店，参加今天晚上 4 点举行的“第七届中加国际电影节开幕式”。

其实，早上 8 点，我已经参加了这次电影节纪录片部分的线上讨论会。中国方面有贾樟柯和另外两名我不熟悉的导演，他们都很年轻；美国和加拿大的几位导演出席。其中还有一位女性导演。他们谈到了“文学纪录片”。

研讨会上，导演们详细解说了贾樟柯的《一直游到海水变蓝》和晋导演导的余秀华的《摇摇晃晃的人间》。都是运用了文学的手法，加进了艺术的描述，取得了非常好的观景效果。

Cin 的车就要到了，可我还在为穿哪件衣服更合适而纠结。晚礼服在海外是女人必备的，而于我是个奢侈品。

还好，十几年前从巴黎买的一件黑色晚礼服一直沉睡在箱子底，这回总算派上用场了。还有一条香奈尔的黑白条纹丝巾，可以用来当晚礼服的披肩。

女人，真够麻烦的。

那男人呢？一样。

如果你想让自己足够体面。

出发了，一切顺利！

LE MOUNT STEPHEN

这是一家建于上世纪的酒店，全是实木装修的枣红色。雕花檐廊，很欧式。酒店的历史上记载说这家酒店的原始老板是一位银行家。

电影开幕式内容丰富。中国驻加拿大总领事到场并致辞，还有加拿大梅尔·霍本哈姆电影学院院长马丁·勒菲弗尔（Martin Lefebvre），魁北克省国际关系和法语事务厅亚太处主任加希里耶勒·夏尔帝耶,中加艺术科技联盟主席，中加国际电影节主席，以及社会各界侨领代表一百五十多人出席。

很高兴，在酒会上认识了加拿大著名纪录片女导演奥斯卡奖得主--贝弗利 •沙弗（Beverly Shaffer）她长得可真漂亮。她的作品是《我会找到一个办法》；还有《白求恩之路》的加拿大导演汤晋森（Craig Thompson）。我发现他的身边总是有一个中加混血的小女孩，八九岁的样子。他的中国太太很年轻，事后我加了她微信，准备采访。

《莫言》纪录片的导演是位华人，莫言因为疫情没有来，现场播放了视频。最后我们还和本届电影节的影帝西人小帅哥合了影。他真是帅，他的女朋友也来了，美如天仙。是那种西方人的美。

晚会结束，已是午夜。

真是美好的一天！

A beautiful day ！

此刻，是孩子们去美国纽约度假的第三天清晨。昨夜睡了一个沉沉的觉，早上醒来时阳光透过窗棂照射进来。

走到露台上，看到 Cin 在不远处的公园里遛狗，便请她过来，炒了两个小菜，勾兑了好看的鸡尾酒，开了一瓶法国红葡萄酒，我们惬意地享受着假期里的好时光。

手机上，女儿发来照片。看到他们在美国玩得很开心，两个小家伙继 2017 年中国之行后就被疫情隔在家里。那时 Sophie 还小，现在她们什么都明白。听女儿说，Jessica 居然问她爸爸："纽约有没有大学？"她要去看看美国的大学。

她才八岁半呢。

小家伙们长大了，有自己独立的思维了。

Dy 从冰岛回来又走了。

她是想把我变成麦田守望者，把她自己变成行者无疆！（笑）

又是九月，秋渐深。

突然有一种畅快在心头涌动，在写作中获得精神的愉悦与满足！

秋深了，真好！我对自己这样说。

窗外，枫叶已红——

秋深了，你还好吗？

秋深了，窗外的枫叶红了，红得极不真实。如梦如幻如童话世界。这是我们搬进 Pierrefonds 区的第二年。尽管它在 Montreal 的最西边，圣劳伦斯河的岸上，尽管我曾为每次的出行不便，特别是开车去市中心和南岸抱怨过，但当枫叶染红窗棂，当我站在落地窗前望着窗外那一树树红彤彤的枫叶时，所有的出行不方便都可以用一句："值了！"释怀。

邂逅科恩——

在蒙特利尔市中心的街头，有一幅巨大的人物肖像，他（它）被安置在一幢巨大的建筑物上，不论白天还是夜晚，他都是那样深情地望着这座带着浓烈法兰西味道的城市，以他独特的绅士风度。

我第一次见到时很好奇，询问走在身边的朋友他是谁？朋友告诉我说他叫科恩，是这座城市的灵魂！

随后，我知道了他的全名 Leonard Cohen（莱昂纳德·科恩）。

他是加拿大创作歌手、音乐人，诗人以及小说家、画家。他的作品中充满对宗教、孤独、性以及权力的探索。他先后获选进入加拿大音乐名人堂，加拿大创作名人堂，美国摇滚名人堂，同时他还被授予加拿大最高平民荣誉——加拿大勋章及魁北克民族勋章。

有人这样评价他："他是伟大的诗人，也是伟大的歌手，他的诗即歌，歌即诗。他愿意耗费五年十年的时间只为静静等待一首歌、一行诗。"鲍勃·迪伦获诺贝尔文学奖后，很多人认为莱昂纳德·科恩同样有理由获奖。

我不是一个懂得音乐的人，但我总是被一些旋律吸引，深深打动，甚至有时候会听得泪流满面！

每次去市中心，路过那幅巨大的肖像前，我都会情不自禁地驻足，凝视他礼帽下那双深邃的眼睛，那里面有我不知道的世界，很深很远却又在眼前。我就那样远远地望着，沉思良久……

我曾对着街头那幅巨大的肖像遗憾过，遗憾我与他那个时代的错过，遗憾与他的擦肩而过。他生时，我还在中国，我不知道大洋彼岸我将要后半生生活的城市里有科恩，有这样一位伟大的人！

人与人的相遇可以擦肩而过，灵魂与灵魂的交集却可以穿过时空超越维度和生死！终于，我走进他的音乐，走近了他！

我迫不及待地将这首英文歌曲转给陶志健，请他翻译。我想知道科恩在说什么？就有了下面这首中文歌词。陶志健说歌词翻译=诗歌翻译+配曲填词。感谢陶博士，让科恩的这首中文歌曲面世！

一千个吻之深
歌词/莱昂纳德·科恩
汉译/陶志健

马儿在飞奔，姑娘正年轻，
成败要赌机运。

你先赢几把，便已终结——
可知连胜已尽。
轮到你去面对
你那无敌的惨败，
你把那日子当成真，
一千个吻之深。

我接客卖身，我搞定自身，
我回到布吉街心。
你没能抓紧，随即滑落
滑入那杰作命运。
或许我前路正漫长，
还有承诺在心：
你丢弃一切只为生存，
一千个吻之深。

有时候夜长难忍受，
苦恼懦弱是我们，
咱收拾起心情抬脚走，
一千个吻之深。

性事缠身，我们转而向
大海的边际推进：
我看到那海洋已枯绝

不给我拾荒的人。
我奋力走到前甲板。
我祝福舰队残留的人——
然后任船去撞沉，
一千个吻之深。

我接客卖身，我搞定自身，
我回到布吉街心。
我猜他们不会交换礼物
那是自己的留存。
沉静是对你的想念，
完成了对你的追寻，
只是咱忘了一件事，
一千个吻之深。

有时候夜长难忍受，
苦恼懦弱是我们，
咱收拾起心情抬脚走，
一千个吻之深。
马儿在飞奔，姑娘正年轻，
成败要赌机运……

落了一夜的雪，窗外的大树上和栅栏上都堆积了厚厚的白雪。一只灰色的野雪兔蹦跳跑进我的视野。几只托着棕红色大尾巴的松鼠从大树上跑下来，沿着木栅栏嘻嘻打闹着在追赶一只灰松鼠。听彼特说，灰松鼠是住在街道对面的，它们总是趁着红松鼠不经意时窜过街道来到我们这边寻找好吃的冬果，结果每每被大红尾巴的松鼠追着满街跑……

这个温尼泊银白的早晨，因为它们更增加了一份异国的童话情趣。每到这时，我的心总会不自觉地沿着地球飞行，飞到那一端的北国……

很多年前看过一部欧洲电影《蝴蝶梦》，曾经为那电影中的人物和那座瑰丽的城堡流下热泪。如今，当我第一眼看到千岛湖上的这座古城堡时，电影《蝴蝶梦》中的断片又一个个出现在眼前。湖中的城堡和影片中的城堡似乎存在着某些共处，比如它们的建筑风格；比如它们演绎出的悲伤凄美的爱情故事。不同的是一座被毁于大火之中；一座被废弃在这湖岛上，而两位男主人公都各自怀着各自的伤心往事别它们而去。

风雪夜归人——

2022 年 12 月 22 日这天冬至，我们《华侨新报》召开了一次副刊座谈会。

会议结束在午夜，迎着满天飞舞的大雪，我打开车门，启动牵引，“甲壳虫”轰鸣着向 40 号高速急驶——

路面上的车线早已被大雪覆盖，每一辆车子都小心翼翼地前行。我放慢了车速，打开快速雨刷，清理着风挡玻璃上的积雪。一座高架桥，又一座高架桥被甩在身后，一束束车灯射出的光柱和红色的尾灯在这大雪纷飞的午夜里与白茫茫的世界构成一个奇幻的景象，极具科幻空间感，你可以任意放开想象，海阔天空地去设计情节和场景，然后决定谁胜谁负，谁生谁亡，一切都在掌控者手中，如同此时此刻驱车驾驭这风雪的午夜。

突然就想起一部老电影——《风雪夜归人》

千岛湖上——

静，超乎寻常的静，游船破镜而行。我站在船头的最前端，眼前是一望无际寂静的湖面。这让我想起一位诗人的诗，在诗中他把湖比喻成大地的眼睛。千岛湖，这是大地怎么的一双明亮的眼睛呀！一尘不染，纯净如处子。几千年来静静地与太阳和月亮为伴，与朝霞和夕阳为邻。它把大美奉献给人类的同时静静地把自己化成一滴水隐入湖中……

西方的古城堡，总是有着这样或者那样的故事，或凄美或伤感。但这座城堡似乎更加让我心痛。我记住这个城堡，不是因为那片蔚蓝的湖水，而是因为它那迥异的建筑和美国旅游业大亨乔治·博尔特留给这座小岛的那段令人心碎的爱情。

夕阳染红天边的时候，我们登上返航的游船。当那古城堡与我们渐行渐远时，有什么模糊了我的视线……

想起那句：

“我是大陆，我是远游客，我是所有下海的船！”

对读书人来说，闲暇时整理书房是件极其愉悦的事。像在回顾历史，又像在精选岁月。于我，那一本本跟随了几十年的书籍，仿佛分离了许久的老朋友又回到身边。

今天，一个有趣的灵魂走了。

“哈哈，90 了！”

“原来最小，现在最老”

“这世界长大了，我 Tma 也老了！”

谁能不喜欢这样一位率真又顽皮的老人家呢？！这些个性语言出自个性十足的他之口，再自然不过。就连他走，也要选择一个绝对独特的数字——“99”。之前是“98”，之后是“100”，尽管他还对朋友们说他要在 100 岁时办个人画展，但他还是选择了“99”这一天。对于他这样一位浑身上下都充满了奇特字符与个性色彩的人来说，“98”“100”也许都太平凡太人世间了，太不符合他的审美模式和性格条码了。我们知道，“9”在数字王国中的位列为最大者，两个“9”加在一起，营造的那个意境和搭建起来的维度空间如同他的画一样耐人寻味，烟火中洗炼的灵魂纯度与高度的完美，是我们画外之人无法抵达和用一个“与众不同”所不能诠释的。

想起自创的，引以为豪的句子：

“别老在人间待着，得空去别的空间走走！”

也许黄老先生正是这样想的。而且，在另一个空间里还有他相爱一生的妻子在等着他。这是多么完美又温馨的出走呀！

人生不过如此，离开，也是一种美，一种别样的美。只不过，不是所有的人都能拥有和达到这种美的高度和境界的。

一个女人——

很多很多年前，我去荒原采访时，意外在乌苏里江边上的一个小书店里买到了一本与罗丹有关的书《一个女人》。封面是个大大的头像，黑白色。这个美丽的女人是罗丹的情人——卡米尔·克洛岱尔。

它缩在书柜的一个角落里，落满了灰尘，似乎在等待我的到来。

荒夜如箫的晚上，睡不着时，我枕着滔滔江水读它，它就那样陪伴我完成了我在荒原上的采访。

我曾想，如果卡米尔·克洛岱尔不是罗丹的情人，那个《思想者》的雕塑会不会出自她的手？她是那样才华横溢，可她为他牺牲了自己。

在巴黎，我明白了一件事，很多男性艺术家的超凡作品大多来自于他们和女人的性欢之时，女人在某种意义上成了他们创作的灵感。当然这里不乏那些美妙的爱情。

这个世界一点都没错，错的是我们清纯如水的思想！

说起去德国，我的脑子里第一个反映出来的是“德国鬼子”这几个字。在中国人的思维里德国和“德国鬼子”总是紧密相连的。这源于那场战争，那场八国联军对中国进行的侵略战争。这是一个民族的记忆。对我们这一代人来说，“德国鬼子”在脑子里已经根深蒂固。这不，还没踏上德国的土地，我的脑子里就控制不住像放电影一样，蒙太奇般闪过那段历史。其实我知道那已经是一段历史的过往，是因为战争，灭绝人性。在资料上看德国并没有从那战争中捞到什么好处。它是第一次世界大战和第二次世界大战的策源国和战败国。二战后，它被美国、苏联、英国、法国分割为东德和西德两部分，直到 1990 年东德和西德才得以统一。

那天，海岛小屋里，我正专注地听贝多芬的《命运》交响曲，好友发微信，约我下楼去游泳。我拿起毛巾擦干脸上哗啦啦的眼泪，换上泳装来到小区的游泳池旁。好友看我红肿的眼，急切地问我：

“怎么了，这是？”

我答：“听贝多芬的《命运》让我泪流满面……”

好友不解地笑了：“至于吗？”

我答：“当然！你不懂。”

静静地坐在他的钢琴旁，在德国波恩的午后。明媚的阳光透过敞开的窗子温暖地洒在房间里，洒在他弹奏过的钢琴上。钢琴的盖子是打开的，我分明看到他弹琴的背影和那双不朽的手，看到命运在他脸上掠过的痕迹。我一个人独自坐在他的琴房里，就那样享受着异国午后的阳光。什么都没去想，思维定格在那份旷世的静寂中，只有耳畔滚过的那些音符，那首举世闻名的《命运》交响曲——

我知道他的灵魂没死，他在音乐中得以永生！

那个午后，阳光像音符般在黑白色的琴键上跳动着。

在德国的那个晚上，我们住在离马克思纪念馆不远的酒店里。傍晚，我独自下楼，一个人漫步到纪念馆前的那条小街上。

那小街很静，我没有看到别的人。我记得那是我在德国印象最深刻的一个夜晚。因为我的思绪在翻滚，万马奔腾……

如果那时小街道上有人走过，他们一定会看到一位小个子的中国女人，紧锁眉头，双手插进裤袋里，目光深沉地在那小街上来来回回地踱步……

那个夜晚真的好沉重，那德国小街上的月亮依旧洒在我这个外国人，这个来自遥远东方女作家的身上，我就那样在那小街上踱步到午夜……

自由女神——

从加拿大去美国，在渡船上第一次看到自由女神像时，心里竟有几分激动。耳畔响起镌刻在自由女神基座上，美国女诗人埃玛·娜莎罗其的那首诗：

送给我

你那些疲乏的和贫困的挤在一起渴望自由呼吸的大众

你那熙熙攘攘的岸上被遗弃的可怜的人群

你那无家可归饮经风波的人们

一齐送给我

我站在金门口

高举自由的灯火

干杯，兰斯——

我和女儿选择去兰斯那天，法国的天空上升起少有的大太阳。午后妩媚的阳光中，我和女儿走进加冕圣地，法国香槟区——兰斯。

在兰斯城边，有一条并不宽阔的河流静静地流过。这条普通的河流有着一个并不普通的名字——马恩河。著名的马恩河会战又名兰斯保卫战，就是在那里打响的。这些过往的历史，这座古老的教堂一定会记得。你看那穹顶上浮雕的人像，他们怎么能忘记那逝去的历史呢？

很庆幸，一瓶尚好的香槟酒让我顺利地带回了北京。

我期待着那“嘭”的一声。

为兰斯——干杯！

走进圣母大教堂，我被一种神圣包围着，古老的历史禁不住地让人想起那些往事。兰斯在欧洲的历史上不止一次地成为风云之所。从公元五世纪抵抗匈奴王阿提拉开始，直到纳粹德国的入侵，兰斯始终是巴黎的屏障和门户。发生了太多战事的兰斯，注定要成为见证历史的名城。如今的满坡绿野，曾是当年发生一次次惊心动魄战争的地方。拿破仑在兰斯取得了他一生中最后的胜利。法国元帅马尔蒙这样评价道：“兰斯是拿破仑命运最后的微笑”。我想这教堂一定也是拿破伦曾经站过的地方……

塞纳河上的红玫瑰——

夕阳西下，塞纳河进入到傍晚最美妙的时光。观光船甲板上，坐在我前排女士肩头的那朵精致的红玫瑰在塞纳河上格外耀眼。它像一个小精灵随着游船在塞纳河上起起伏伏，随着河风在我的眼前飘荡——

许多年过去后，只要想起塞纳河，想起巴黎，我都第一时间想到它，那个纹在一位金发碧眼的女士肩头的红玫瑰。

艾菲尔铁塔下的那位英俊小伙子——

正当我对着艾菲尔铁塔凝神时，一位瘦高英俊，长着一头波浪卷发的西人小伙子挡住了我的视线。我仔细打量站在我面前的帅小伙，只见他胸前用那种妈妈常用的布背兜背着一个兔唇的亚裔小女孩。看上去，那小女孩有两岁左右的样子，她在布兜里脸冲前，所以我能很清楚地看到她的兔唇。那西人小伙子看上去也就二十四五岁。这么年轻，怎么独自背个孩子出来呢？是他领养的孤儿吗？一连串的疑问涌在嘴边。我的注视引起了西人小伙子的注意，他把头转向我，我微笑地用手指着他怀里的那个小女孩问道：Chinese girl。小伙子答：Yes, Chinese！之后，他又说了很多话，我估计他是在向我介绍这个小女孩。因为在他说的话里，不停地出现“China”和“Beijing”的词语。很遗憾我的英语水平太差了，我无法听懂他说的是什么，只留下了那铁塔下帅气的俊男和他怀里那个豁嘴的中国小女孩！

我曾在一篇文章中写道：人与人的距离就像星球与星球。能否靠近和相吸引完全取决于星球自身的磁场力。就如有的人在身边几年十几年甚至一辈子，你都无法走近被他吸引，而有的人一朝相遇，却终生记忆。就如同这位古巴的老绅士和这位加拿大的帅哥司机。

曾与加拿大麦吉尔大学访问学者 Wq 一起随蒙城的华景旅行社游美国，还邂逅一位古巴的老绅士。Wq 与他一路上交谈甚欢。后来 Wq 给我写信："后来我又跟'华景'去了魁北克和尼亚加拉，但那种开心再也没有找回。两次出行都是粗壮的大婶开车，没有帅哥司机，也没有可爱的老先生，更没看到费城教堂顶上的那抹夕阳。"

突然想起一句话："在合适的时间遇到了合适的人，做了合适的事。"我们不约而同地说。

虽然那趟美国之行只有短短几天，但那份美好与开心却是一辈子的记忆。

旅行是短暂的，记忆却是永恒的。

快乐是瞬间的，回忆却是永远的。

火车开始在俄国的原野上奔驰，车速不高，我能清晰地透过车窗看到外面的景色。一望无际茂盛的草甸子绿得像地毯伸向远方，一点人为的痕迹也没有，保持着最原始的状态，萌动着春天的蕴意。像一个原始的童话摆在那里。不一会，车窗外出现了大片大片黑色的土地，还没有进行春耕，保持着沉睡的状态。刚刚几十分钟的车程，怎么会有这么大的差别？心里掠过一丝淡淡的忧郁和不解。

那是一幅画，很多年之后回想起来那仍然是一幅印象深刻的画。

我站在岸边，手扶栏杆，如此地赏心悦目。那海湾的边上是碧绿的草地、洒满春天的阳光。

成群的海鸟在不停地歌唱……

我找不出这海湾的半点瑕疵。

我是一个对美有极大嗜好的人，“一个淡定而又不断寻求完美的女人”是我在博客上的个性签名。我想在这六月的阳光里，在这俄国远东的海湾，那份静美给我人生许多的影响，甚至改变了我以后的性格。

那海湾不一定能记得我，而我却从此再也没有忘记那个泊在俄国远东海参崴的一汪水，那个月牙形的港湾。

海参崴的车站更像是一个博物馆，走进去的人出来时一定会这样说。拱形的屋顶，典型的欧洲建筑风格，听说是1912 年建成的，沿袭了 17 世纪俄国的建筑理念。有浮雕，拱顶有彩绘的大形图案和精致的旋转楼梯，包括那些老式的样式别致的大吊灯和那些不大的商品店。

那些穹顶上的彩绘很好看，让我想起欧洲的教堂。

那天，天空特别蓝，万里无云。我们就那样静静地站在战士纪念碑的广场上，注视着它在天地之间。那上面凝结着多少士兵们的鲜血呀！我情不自禁地对同行的朋友说。

其实，任何一座纪念碑，除了纪念的意义外，都是血腥之地。

站在原本属于自己国家的土地上，却硬生生要签证要护照，怎么想都觉得心里别扭。

海参崴，中国人心里永远的痛！

巴厘岛到了——

机舱里渐渐安静下来，我拉下舷窗挡板，进入万米高空的梦乡。

黎明醒来时，伏在舷窗往下望，机翼下已是一片房舍……

我不知道那巨浪撞击断崖的涛声是不是船只摔向悬崖时的撞击声？抑或水手的嘶喊声？又或是当年那两位殉情的男女纵身一跳时坠入海中的涛声？

不论是远古的撞船传说，还是近代的殉情之事，都让这断崖之地有了故事，有了灵性……

拾级而上到海神庙入口的高处时，抬头望见一扇雄伟之门耸立于岗坡上，正对着下面大海边上的海神庙。游人们争先在那门前拍照留影，不知他们对那门了解多少？

阔海蓝天，长风大洋，巨礁上的海神庙巍峨屹立于海浪中，面对着千年万载的印度洋，不知疲倦，生生不息地庇护着巴厘岛，这一方水土上世世代代生活的人们……

是傍晚，我赤脚走在沙滩上向远处眺望。铁灰色的海面上，远望着一脉青山，海的对面是我们刚刚别过的巴厘岛，影像浅淡。

海很阔，旷达寂寥，总觉得哪儿不对了，这海这沙滩？再次低头仔细看时，突然被一种未知兴奋起来：

“这沙滩上的沙子怎么是黑色的？”

一望无际的黑色沙滩，绵延伸向远处的天边……

有浪拍在沙滩上，又一涌一涌地退去……

放眼望去，是一大片黄色的干土带，寸草不生。有十几台挖掘机在工作，两三米见方的超大塑料袋里装着白色的石灰岩垒起长长的望不到头的堤坝……

突然想起法国女作家玛格丽特·杜拉斯以她母亲在田埂上建堤坝为题材创作的名著《挡住太平洋的堤坝》。但此堤坝非彼堤坝。

越过眼前的黄土带，向前方远处眺望，一缕缕青烟从地皮处汩汩升腾……

这就是著名的 LAPINDO（拉宾斗）。

应该说，那是我见过的最壮观最独特最不可思议的海上日落了。整个的沙滩，整个的人群，包括走在沙滩上的我都被那巨大的落日罩在它金碧辉煌血色的红晕里。这让我又一次想起我在古巴度假村与海上落日的一次邂逅，想起很多年前我曾写过的一篇《最后的颜色》的散文，想起我们曾在母体中住过的那个巨大的子宫……

我就是在那血色的落日余晖中光着脚，拎着鞋，走在金巴兰海滩上的，留下了一张珍贵的照片。那仿佛是我对母体子宫的一次礼赞！在我走出它五十年后。

遇见，是一份美丽。

找一个有趣的灵魂交往，寻一部爱车同走人生！

在海岛上，我遇见“海伦”，我的第一辆甲壳虫敞篷车。

想起那天，我在海岛的车行里遇见它。它静静地卧在角落里，像一部尘封多年的老电影，等待懂它的人来。

我总是固执地认为，万事都是有定数的，就如同我在北美再次遇见心仪的甲壳虫敞篷车一样。

我对甲壳虫敞篷车的喜爱似乎是刻在骨子里的，也许上帝知道这一点，所以在我移居北美后，又一次让我与它遇见！

遇见，总是美好的。虽然你不知道谜底是什么，但心中却充满渴望。

人与车的遇见如此，人与人的遇见呢？

其实，那像个梦境，KK 走进我的视线，在北美一个多雪的冬天。

我见到他提着喷壶走在花园小径上的照片，照片上的他是那样的阳光，青春年少，满满的巴黎味道。

春去秋来——

一天，他在地球的另一面发给我一张彩色照片。

照片上是窗框外一隅宁静的山野。阳光洒在绿色的山坡上，不远处有山峦有树丛……

蓝天白云下很是享眼。

他说他很想在那山坡下买一幢法式老房子，有楼台庭院，有盛开的大花园，有爬满青藤的葡萄架，有铺着洁白餐布的餐台，上面放着法国红酒，他的手边是一本打开的书，他的身旁是一幅正在创作的油画作品，那幅画静静地待在画架上，等待主人最后的一笔。

那画布上对应着不远处和它一样的山野——

后来，我知道这里不但是他向往的家园，更是他心的栖息地，是他在法国北部这个小镇上的向往。

他把那幅画完成后，拍照寄给了我，那野山坡就成了我们回忆中最美丽的风景。

他说，那山坡下住着他的一位好朋友，还有一对善良好客的西人老夫妻。他们家里有很大的冰箱，喝甘甜的山泉水。他说他每个星期都会去那山上乘凉，和老夫妻一起晒下午的太阳……

他说朋友的家里有鸡有一群猫，还有一只可爱的小山羊。

那山坡，让我想起什么，远在新西兰的一个小岛。

那岛上也有这样的野山坡，曾经住过三位杰出的诗人。

那山坡，让我想起一部日本老电影《远山》，想起在那开满野花的山坡上一位美丽善良的姑娘邂逅了一个不太冷的杀手。

我问他，是不是所有的野山坡都有属于它自己的故事？

他笑笑说："我可不想当顾城，我想在那山坡上邂逅一段美丽的爱情！"

噢，好宁静的山野呀！

后来，我为他的那幅油画写了一首诗：

野山坡

好宁静的山坡，
山坡下有你的家吗？
一幢用木头搭建的小木屋，
木屋上开着许多漂亮的窗。

好宁静的山坡，
庭院里开满了姹紫嫣红的花。
一只小黄狗慵懒地躺在屋檐下，
晒着午后的太阳。
好宁静的山坡，
白色的墙体长长的亭廊。
那阁楼上敞开的舷窗旁，
倚着你心爱的姑娘。

好宁静的山坡，
山坡下，
爬满青藤的葡萄架掩映温馨的家。
小狗母鸡山羊还有不远处的田园村庄。

好宁静的山坡，
你说
灵魂回归的地方
梦想疯长的摇床。

KK 将这首诗收入了他在法国出版的画册里，作为序。还有前面写到的那些关于野山坡的文字。

为什么要拒绝他来海岛呢！似乎有 100 个理由，又似乎什么都不是理由。之后，我飞回北美，KK 回欧洲。一隔竟又是两三年的光阴。

此后数年，我们依然是你来我去，两个人在时空的维度中擦肩而过……

KK：姐姐，你再不回来我就得走了！姐姐在和我捉迷藏！

……

一晃十年——

也许，有一天当我老矣，我会放下一切羁绊去看他，看看这个我们不论在时空的维度里，还是在现实的俗世里，还是在巴黎远郊那个墓园里擦肩而过的艺术博士，这位在法国小镇上不停画画的 KK。

我对唐人街最初的印象很模糊，停留在童年时期。那时的我是个小影迷，总是挤在电影院入口处的大人们跟前，制造成某家长带着自家孩子来看电影的假象。屡屡得逞。那个年代的电影都是黑白片的，电影中的唐人街模模糊糊，一片嘈杂的人声和破旧的街区记忆。比较清晰的是看由法国女作家玛格丽特 • 杜拉斯的同名小说改编的电影——《情人》。那时，我已步入社会，在国内一家文学杂志社当编辑。

2023 年春季夏初，魁北克省文化和通讯部长拉科姆（Mathieu Lacombe）办公室周二宣布，蒙特利尔（Montreal）

唐人街一个历史地段正式获授予遗产地位。根据魁北克遗产和文化名录，唐人街核心的遗产地由九座建筑组成，其中许多是建于 19 世纪，有些建筑是用石头和砖砌建而成的。该地段显示了其历史、建筑和社会价值的重要性。部长办公室在一份新闻稿中这样写道："这个区域的特点是其建筑物的年代，以及见证华人社区存在的建筑元素、特色和历史。"

北美人愿意称 Montreal 为"文化名城"。是因为这座城市中除了随处可见的法式建筑和大批的法国后裔外，还有它的文化氛围。如果你住在市中心，你会看到每天不一样的文化活动，目不暇接。欧洲、北美、亚洲、非洲，似乎世界各地的文化节日都云集在 Montreal，一个接一个，从没停歇过。特别是人们熬过了漫长寂静的冬天后，这种夏日更是弥足珍贵。人们打好行装外出旅行，有坐飞机去欧洲环游地中海的；有开着自家房车去洛基山的；也有带着狗儿驾车去海洋三省看鲸鱼在大洋上跳跃起舞的；还有带着野外宿营的帐篷和装备去冰岛看星空的……

影片结束时，已是傍晚。街灯高照。我与同去观影的 Dy 边走边聊，对这个问题，我俩的观点竟然绝对地一致：过自己想过的生活，成为自己想成为的人。这样的人生应该是幸福的人生。

不论在哪里生活，也不论是高低贵贱，只要这一生让自己满意，在自己能够的掌控之内，尽最大限度地满足自己的愿望，听自己心跳的声音……

夜色阑珊，夏夜的风吹过额头，多么美妙的一个北美的夜晚啊！

移民就像围城。外面的人想进去，里面的人想出来。可是当进去的人想出来的时候，往往他们已无力推开那扇出去的大门……

那天，大家都喝了酒，在深红色的葡萄酒里，我似乎看到了英国女作家戴安娜·阿西尔在八十九岁时写下的那本《暮色将尽》。葡萄酒的暗红色与阿西尔的暮色似乎离得很近，近到出于一个色系。所以秋深时，我在家里露台上遇到某个血色夕阳将西天浸染的血红时，会情不自禁地流下泪来。因为，我似乎看到了我的暮色。当我的生命走到暮色将尽时，我能否像那夕阳，拼尽最后的一点力气，来把我剩余不多的生命浸染成人生最后满天的玫瑰红？我希望这个心愿能够实现。因为在某种意义上，我即是它，它即是我。

我向她们谈到那本书，谈到了让我落泪的那个夕阳。然后，我们谈到了婚姻，谈到了 Dan 的新电影，出走与同志，固守与变性——话题似乎越来越接近一种女性自我意识的觉醒。我说当一种女性的意识睡去后，你是无法唤醒的，只有当它自己醒来后，我们才能评判，才能看到一个完全不一样的生命存在。

我喜欢这种小众的沙龙，不拘形式，漫无目的，信马由缰。突然意识到，这岂不也是一种自由的存在吗？

我对着几位才女说：真好！

这时，一抹夕阳泛着金光从阳台上的玻璃窗斜射进来，洒在傍晚的房间里，洒在我们几位手中的高脚杯上。

好美！

一位从中国云南纳西族走出来的女孩，经历了北美 20 多年的风雨后，带着她的团队返回故国，在丽江他父亲的祖屋，用电影镜头记录下她父亲倾其一生都在维护的东巴文字和纳西族文化。她说是传承也是忧郁。在这新文化激进发展的年代，没有人能阻止旧文化被取代的社会趋势。但是，她用手中的笔，把纳西文化、东巴文字以及她父亲的忧郁都写进了电影；她用镜头，让纳西族文化以及那些像画一样的东巴文字保存下来，并传播给世界。这是一位海外电影人对中国文化意识的自觉，是超越了家族的一种文化大爱！

Dan，Montreal 的一位华裔女导演，我的朋友，为她自豪！

法国伟大的作家维克多•雨果在巴黎圣母院的墙壁上看到两个代表“命运”的字母后，突生创作灵感，写下不朽之作《巴黎圣母院》。这部长篇小说被拍成了电影，几个世纪以来在世界各地广为流传，成为人类文学史上的经典！

多年后，我们是不是可以这样想：上苍让维克多•雨果偶然看到那两个象征命运的字母，是不是也是他的命运呢？

人是有宿命的。

人生不可重复来过，一个人也不能同时蹚过两条河。当岁月荏苒，星辰陨落，我们能否疏通心脉，与自己和解，与过去的记忆和解，不枉是给自己放逐了一条生路。

想起那年在巴黎圣母院大教堂里，我以一位中国作家的身份庄严签名的场景；想起那坐在巴黎圣母院后面的草地上迟迟不愿离开的我——

《巴黎圣母院》电影里的那些人物一个个地走出来，我与他们对话。还有那个敲钟人——卡西莫多。

这北美的雪夜啊，能覆盖多少人间的丑恶，洗清多少岁月的污秽呢？！

一个风和日丽的巴黎午后，我与女儿走进孚日广场东南角上的维克多·雨果的故居。

很多年过去了，我都无法忘记楼梯间的那一束光，和那些挂在墙壁上的中国瓷器盘子。看着那些熟悉的物件，心里充满了无比的亲切感，那里有我的祖国。突然感觉与眼前这位伟大的作家有了某种可以共通的话题。

一双漂亮的木屐摆放在壁炉上，晨阳中闪着七彩的光。

这是当年我在荷兰的一家专门出售木屐的商铺里买的。记得当时我还踩上一双特大号的木屐拍了照片。

我对荷兰记忆最深的是风车，有风车的地方就有了无穷尽的想象。风车于我是一个情结，始终走不出来。

三月是最好的季节。风车、郁金香、五彩的木屐鞋……

是该启程了。

朋友 Feng 从法国回来，带给我一瓶薰衣草精油。瞬间普罗旺斯情结爆棚。那是一个让我难忘的地方。普罗旺斯，一眼望不到头的薰衣草哟，多少次梦里缠绵！浪漫的普罗旺斯，法国东南部一个濒临地中海的蓝色海岸，那里不但盛产优质的葡萄酒，还是薰衣草的故乡。

怎么可以长成那样？一垄垄的紫色薰衣草伸向天边，一眼万年。从那次离开，就再没敢忘怀。北美的庭院里，第一棵种下的，就是那泛着紫色的花儿。落雪后，我们把那些花园里的薰衣草小心地割下来，梳理成捆，挂于家中，那薰衣草的幽香就会弥漫整整一个冬天。

两天前，Montreal 下了又一场大暴雪。那雪下的纯净柔美，带着暖暖的温度。雪夜里的思绪总是飞扬的，如同窗外那绵软的硕大无比晶莹剔透的雪花儿在路灯下飘舞……

巴厘岛是赤道岛国中的一颗珍珠，也是全世界的旅游胜地。七月行走在印尼巴厘岛上，我第一次认知了它的独特和美丽。而中国的巴厘村，我还没来过。

一模一样的建筑，陈设。就连那圆顶的小伞也 Me too。这让我想起赤道南纬八度，想起那一个月在印度尼西亚的行走。泗水，外南梦，黑沙滩，金巴兰海滩，还有那满是洋人味的库塔，还有那座耸立在大洋里黑礁岩上的庙宇和那一对跳崖殉情的年轻人……

阳光穿过丛林的缝隙晒在身上，地面上斑驳的投影如同阳光在婀娜多姿的椰子树上跳舞。生活的静美需要用心去体会，而心一定是清纯的。

遐想之际，竟听到不远处传来悦耳的乐声，与巴厘岛上所听同出一辙。几位裹着长裙的少女拾级而上，发鬓间插着"巴厘岛花"，阳光男孩告诉我们，这也是从巴厘岛来的邻家小妹，她们正在准备为我们表演。

美，是不分国度与地域的。

如果生命的长度可以选择，我想全世界的人都会为马尔克思这位伟大杰出的作家举起双手；如果生命的宽度可以用时间兑换，我想全世界热爱他的人都会愿意为他奉出一些自己有限的时间。加西亚·马尔克思，墨西哥人的骄傲，哥伦比亚人的国之灵魂。就如同哥伦比亚总统桑托斯说的那样：哥伦比亚史上最伟大的人逝世了，我们感到千年的孤独和悲伤！

马尔克斯走了，并不代表一个时代的终结。

当我再一次回到北方，站在书柜前，我会更加崇敬这位文学大师，这位杰出的作家！

怀念你，加西亚·马尔克思！

无题

所有的痛都在那个晨露化成水滴

跌落于枕边

纵然伤口还在敞开
东方那抹鱼肚白

不是爱与不爱的选择
不是行与不行的判断
更不是走与不走的背叛
黎明在天边

生有生的理由
死也有死的灿烂
人生追梦一场
无悔无憾

此刻在天上
此刻在人间
梦已远
心相连

（读《他们的故事——-因婚姻移民的青青》有感而作小诗一首）

很难说是陈丹青成就了木心，还是木心成就了陈丹青。但在如今的社会里，的确很难再找到像陈丹青这样的艺术家了！他的文字，他的画，他对社会的审视和批判都是独一无二的，无人比及。

我不喜欢秋天

秋天来了
我就要从枫树上落下来
尽管我保持飘的姿势
我喜欢待在树上
看人间风景，看蓝天高远
看雁阵成行，看小孩子们嬉戏
看恋人们相拥的步履
这是生动的人间烟火

秋风刮起，
漫天飞红萧瑟，残枝头
我们在嘶鸣中无奈地离去
尽管一身红衣，尽管激情肆溢
依然任行人在我们的脊背上踩过
踩脏了我们红彤彤的身躯
我们是森林的精灵
我们是人间幻化的梦境
我们浸染秋色，我们装点山林
我们是母亲留给人类最后的记忆
当又一阵秋风响起
恰巧你路过这里
请你将我轻轻拾起
轻轻拾起……

这是我组织报纸副刊作者们对垒秋天时写的一首小诗，我站在反方。真实的我是钟爱秋天的。站在反方的立场上写秋天，第一次有了别样的体验。

关于行走——

真正的行走绝不是旅游，也不是靠两条腿来完成的。

行走的经历是一种财富，而在行走中获得的对生命的深层的感悟更是一种财富。这才是行走的终极意义所在。

真正的行走是要用心去体悟的，而且不是哪一个人想体悟就能体悟得到的。这里面有几分哲学几分禅意几分悟性，谁说得清呢！

海岛早起有感。

采访混血儿舞蹈家——洪

这是一个有关海外混血儿中国情结的故事。

很早很早以前，中国有一批下南洋讨生活的广东人，他们的足迹遍布美洲大陆，其中包括古巴。他们中有一些人背井离乡后就再也没有回过故土，包括他们的子孙。我今天采访的主人公朱利奥·洪，就是这批老移民的后代之一。

庚子鼠年北美日记——

肆虐的疫情像一头洪水猛兽，冲过亚洲，掠过欧洲，扫过非洲，咬过澳洲，进入北美。

不分地域，不分国界，不分肤色，不分阶层，不论你是贫穷还是富有，也不论你是达官还是显贵，在它面前，人人平等。

这是庚子鼠年我看到的最惨烈，也最不符合逻辑的现实。而它又是最符合逻辑的天灾人祸，不是吗？

2020，注定不是一个平凡之年。

这场疫情改变了许多人，也包括我自己。

2022 年夏，联合国自然保护大会在加拿大 Montreal 召开，两个小家伙的爸爸 Qan 负责大会的现场直播与录像。从中国来参会的大使和几位工作人员热情地邀请 Qan 会下聚餐。不用说，饭桌上自然气氛热烈，推杯换盏。可是第二天，Qan 就开始发烧，好不容易撑到会议结束。当他问起那几位一起聚餐的参会人员是否有“阳”时，得到的答案居然是全部。既然中招了为什么还要请人一起吃饭呢？

Qan 被隔离在地下室，整整一月有余。其间，在银行工作的女儿也被感染。我每天负责两个大孩子的吃饭问题，还要送两个小家伙分别去学校和幼儿园。同时还要兼顾报纸的出版工作。那段时间，第一次让我感到什么是心里凉瘆瘆的恐惧！每天精心地照顾着两个小家伙，生怕她们被感染。

那真是一段让人心里发慌的日子。夜晚，常常从睡梦中醒来，一遍遍查看小家伙们的情况。

从庚子鼠年到 2023，疫情终于退缩了许多。加拿大与国内的通航也在一点点放开。世界在逐渐恢复常态。但灾难还是不断。先是大火，然后是大水，地震。一个接一个……

地球怎么了？地球上的人类怎么了？

三年疫情，让多少生命悄然离开？庚子鼠年，让人不寒而栗！生命与生活，多少人都在改变，而且身不由己！

曾与国内的一位作家朋友谈疫情，她直言不讳地告诉我，她被染上时内心的恐怖，对死亡的惧怕。这是我以往没有触及的话题。

生命是如此脆弱，不堪一击！

是谁在操纵这一切呢？外宇宙，平衡空间，第六维度里，是否有我们人类无法预知的生物存在？地球在太空中流浪着，带着它负重的人类和江山湖泊，还有那些和人类一样有生命体的动物们，植物们，生物们……到底是谁设计了这一切，制造了这个可供人类、动物、生物、植物生存的空间呢？天有边界吗？地有尽头吗？想起当年在新疆的火焰山上，我不敢再向前迈一步，因为那一步，就可能让我走出天幕，走到另外的一个空间。我是多么想看看那个空间的样子呀！那时的我还很年青，但那种会撞破天幕，摔到外面去的恐怖依在。

一句话，永远在路上！

如果有一天我病了，老了，走不动了，挂了，就找一棵北美火红的大枫树睡了。睡在它的脚下。冬天和它一起欣赏白雪皑皑的北国风光，春天看它含苞吐叶，夏天和它一起引吭高歌，撒下一地阴凉，秋天看它满身红红的枫叶“哗啦啦”在风中摇曳，歌唱！

一年又一年——

那年深秋，我从加拿大 Montreal 飞行了十三个小时回到北京。在北京家休整数日后，飞回哈尔滨。那个深秋很冷，冷得入骨。那年唯一疼我的哥哥病了，且是那种要命的病。父母走了，现在连哥哥也要走。本就沉郁的心情在这空荡了十几年的屋子里更是说不出的伤感。从医院探视完哥哥回来，我在博客空间里碰到一位神秘的人。他说他在巴西，他说他从没想到会遇到一位中国女人。然后，他给我写诗，写那种似乎很暧昧的诗。我好奇地把它们翻译成中文，读着，似乎冰冷的空气中有了一丝温度。那段日子，每天从医院回来，我会打开电脑读陌生人写来的诗，虽不当真，却也陪我度过了北方那些苦涩的寒夜。

后来，我回到北京，忙于工作，很长一段时间，我无暇顾及对博客的更新，再后来，网易博客没有了。

人的记忆是条河。移居北美后一个枫叶火红的深秋，在加拿大 Montreal 的家中整理从北京海运过来的一批书和一些资料，猛然在一个本子里发现了当年那个陌生人写下的那些充满暖意的诗，潦草的笔迹中透着我当时心中无尽的哀伤。

就把它集到这里，作为对哥哥、对那个北方的深秋以及那位未曾谋过面的陌生人的纪念吧！

感谢他那些温暖的文字，感谢他支撑我度过了那些难熬的日子！

那一天，我们的相遇是命运
没有语言能表达我对你的好感
你在我的心里

我们的心已经开始住在一起
你是我最好的朋友和兄弟
那一天我们相遇是命运
我们的生活交织的命运
你是我的命运，不能改变
我今天比昨天更接近你
明天比今天我更会
我相信这是命运！

你今晚的样子

我从未见过你像你今晚看上去很可爱
我从没见过你如此的明亮闪耀
我从未见过如此多的男人问你如果你想跳舞
他们正在寻找一个小浪漫，给他们发半个机会
我从来没见过你穿这件红衣服
那位穿红衣服的女士在和我跳舞
我不知道这种美在我身边
我从来没有忘记今晚你看起来的方式
我从来没有见过你今晚看上去很华丽的样子
我从来没有见过你光芒四射，你是神奇的
我从来没有见过如此多的人想要在你身边
当你转向我，笑了，带走了我的呼吸
我从来没有这样的感觉
那个穿红衣服的女士是脸贴脸和我跳舞
我不知道这种美在我身边

我永远不会忘记今晚你看起来的方式
我永远不会忘记今晚你看起来的样子

你是我的生命

我感觉得到你的心跳
我发现你在我的思想
我即使闭着眼睛
也能看到你的模样
没有原因，我想走近你
期盼你像我一样
惊讶你让我每天感觉快乐
你所做的一切只会让我更迷恋你
你是我的微笑
我希望我是你的一条毯子
我希望我是你身下的床
我希望我是你的枕头
我希望我能紧紧地拥抱你
亲爱的朋友，你是幸运的人
我是如此的想走近你
你让我觉得我拥有了整个世界
亲爱的朋友，你可知道
你是我的生命！

爱永远

亲爱的朋友

如果我能选择世界上任何女人共度余生的每一刻
那将是你
如果我有选择世界上所有的财富或与你共度我的生活
我甚至不会三思而后行
我将与你同在
我不确定我怎么变得如此幸运遇到你
但我知道我是世界上最幸运的那个男人
喜欢与你在一起
喜欢与你窃窃私语
在所有的梦里
幻想我们已经生活在一起
与某人像你一样伟大的一个人
看来是不可能找到了
你是我梦想的一切，甚至更多
我写这些告诉你前面的世界……
请待在我身边
做我的妻子直到永生

我的身体里

我感觉我的灵魂
我觉得这样的某些东西
侵入我的身体
没有你我将什么都没有
像一辆自行车没有链
像笔记本没有钢笔

像一个不下雨的云
想法不能表达
你让我感觉的方式
你看着我的眼睛
你使我的梦想看起来真实的方式
我爱生命
但从未像这样想去爱你
我知道我们只是朋友
但我希望如此
当你走进我的生活
我从来不知道这样一个家伙
填满所有的特征
在这个世界上，可以让我精神快乐
很多次我告诉男人们
没有一个灵魂，可以比较
很多次我告诉男孩，他们是我的唯一
但不同的是，现在你是我的灵魂
很快你就会知道我的感受
但我只是没有准备好让你知道
你会发现早于预期
因为只是在谈论它让我惭愧
你甚至不知道它
你没有一个线索
完全没有想法

岁月长河，人很难对自己未知的人生与命运做出预判。就像我从没想过有一天我会漂洋过海，移居北美。在生命的这个过程中，有太多的意外。偶遇是命运，相逢是奇缘。能留存下来的是上苍的给予，别过的也只是人生途中上车和下车的擦肩而过。

感谢上苍及众神，在我最疼的时候送来那一段不是缘的缘。

感谢上帝对我的眷顾！感谢护我左右的神灵！

我始终相信：一切都是有定数的。

送萧红——

北方的冬天真的是太寒冷了，萧红啊，你心中的家园到底在哪里呢？

就让北方大雪天里生成的这些文字幻化成一只只美丽的纸鸢，托着你的灵魂上路吧，我会在北京后海的水面上放一盏好看的孔明灯，看着它冉冉升向夜空，为你照亮回家的路程！

枫叶落了满山，厚厚的一层，让人看着心里舒坦，享眼。身边不时有枫叶唱着歌儿飘落脚下，发出细微的响声……

幽静的山林。

这是那种可以用心灵去体悟的夜晚，是那种喜欢在异国飘荡中寻找精神归宿的洒脱。

一个有思想的人才能创作出个性鲜明的语言，而这语言恰恰又是传达思想的最佳元素。“思想是文章的魂，语言是文章的房子。一座建筑独特富于个性的房子里一定住着一个不俗的灵魂。这就是好文章。”我言。

傍晚与 Sophie 沿着湖边散步，依栏看向湖水时，竟然看到两条游动于水草中的鱼。很大，足有一尺多长，脊背上泛着金黄，像锦鲤！它们悠闲地游着，又时常在交谈着什么，体型大些的那条用尾巴拍抚体型较小的那一条，看上去像一对恩爱的夫妻。

搬迁到这里三年了，我还是头一次在这湖里见到鱼，而且是这么大的鱼。那条雄性的大鱼尾部泛着金边儿。

老话说，见到鱼要有财运了！

喜欢一个人独处的日子，喜欢背起行囊上路的冲动。永远在路上，天南地北地行走。呵呵，这就是今天的我啦。

“人生太短，普鲁斯特太长！”绝了。

给卢丹《天边驿站》之画写评语。

我说道：天边是一条无尽头的路，所有的过往都是生命的驿站。走过了，才知道它的颜色和遥远。

画家卢丹回复：谢谢！写得这么抒情。诗意的留言。

“很久很久了，在没有太阳的地方我寻找太阳像一只流浪的黑天鹅。我不知我栖息的天空。在无数个躁动无数个裂帛的黎明我沿着启明星划过的轨迹飞行。狂暴的雷电撕扯天

空撕扯我羸弱的羽翅我的血脉我的精髓我已飞得很累很累的躯体……我是一只充满了狂想深邃又无法逃避苦难流浪的黑天鹅啊！黄沙古道上鸣一曲滴血的歌。噙着泪水的身躯在冻土地里沉眠不醒，把无数个落日黄昏任意用朱红涂染。”

“……你要挺住，你得挺住，因为你是站着死的人……一个站着死的女人你说她的内心有多强大呢？”

“我捂着伤口站在你的面前，让你看到一个纯净的女人。我不想让自己在失败在绝望在世俗无形的镣铐中痛苦地眩晕着倒下。这不是一个求道者的归宿，也不应是我命运的结局。我将用毕生的时光去追赶太阳，直至东方破晓黎明铿锵。”

这曾是我写在本子上的一些话。2023 年，在海运加拿大的书箱里，我读到它们。霎时，记忆将我退回到多年前。我看到那个在荒原上独自行走的我；看到那个背着双肩包从火车上跳上跳下的我；看到那个在荒夜如箫的午夜独自挑灯熬夜赶写采访稿子的我；看到那个在乌苏里江畔读萧红读卡米尔·克洛岱尔的我……那个被文友们称为“最后牛仔”的我，最终也离开了荒原，且远走他乡，跨海越洋地来到了北美。

生命从母体中来时是一样的
但是，到了这个有等级的社会
一切就都变得不那么一样了
这就是人生，这就是阶层，这就是社会

曾经，在我的心里有一块圣地，很长久了。但在一个秋日，它哗然坠地，碎了，溅起的碎片在夜空中光芒四射！

读到李叔同一段话：鱼那么信任水，水却把它煮了。树叶那么信任风，风却把它吹落了。我那么信任你，你却把我伤害了。后来我才发现，煮鱼的不是水，而是火。吹落树叶的不是风，而是秋天。伤害我的也不是你，是我的自作多情。

很治愈！

海明威说："写作，充其量不过是一场孤独的人生。"

在进行那几本长篇写作时，我对他说的这种孤独有最真实深切的体悟。记得每写完一部长篇，走出那个困了自己三四个月甚至更长时间的屋子时，恍如隔世，重回人间！

写给九月

你把所有的季节都踩在了脚下
你把天空留给了远方
你让所有的播种有了收获
你让远行的人儿回归故乡
金子般的九月，沉甸甸一弯虹
放眼望远方，已洗清了所有的惆怅
我想回到九月的云里，与秋风一起歌唱
我想揽住九月的腰，再把大地涂鸦金黄
九月的风，滚着花儿在放声歌唱
田野里弥漫醉人的芳香

一段越海跨洋的对话：

老明子：像海明威那样，逛逛巴黎的旧书摊。

我：在塞纳河畔，和索邦大学旁边逛过了。

老明子：感觉很惬意吧？

我：正如文中所说，那些书摊都不太像书摊，倒很像是艺术品展览。特别是塞纳河岸边上的许多书摊的书架子很像是十八九世纪欧洲的古董，陈旧中透着旷世的艺术味道。有的书摊到了晚上能像窗子似的，用两扇木板合起来，用一把陈旧的铜锁锁起来，那锁的样子也很讲究。

老明子：你这小文写得比他好！

我：哈哈——

我在我的世界里，自由自在地写作，任意地来，任意地走，任意地去世界旅行。这是我最开心的，也是我最感惬意的一件事了。

我行且我故。

多么好的一种生存状态，I like it！

享受余下的人生。

在北方，参加一个文友们的聚会。

一转眼，这一伙子人就都步入了老年。老年真是个可怕的字眼。不再光彩亮丽，不再衣衫翩翩，取代的是满脸的褶皱，满眼的暗淡，就像一盏渐渐燃尽的灯。我知道，我和她们一样。可是为什么那么情愿面对？

没有人能改变自然属性，有的只是改变心态。我们争不过岁月，也跑不过时间。唯有以自己喜欢的方式面对暮年。“人生没有最好的年龄，只有最好的心态。”

晚上与约翰通电话，他说他打那些电话给客户后，自己坐在椅子上笑，且笑出声来，不是为了怕影响别人，他会一直笑下去。

我说：“你像个卧底。”

他说：“就是。”

我说：“权当一回体验生活。”

一个高度追求精神生活的人，却活在这么现实庸俗的世界上，螫杀人也。

想起他说的话：现实像个石头，精神像个蛋。石头虽然坚硬，可蛋才是生命！

失去婚姻，更换国籍的约翰最终还是回到国内。他说他想在深圳找一份工作，然后呢？然后他要每年回一次加国，开始另一轮的折腾。

想起读过的一本书：《活着就是折腾》。

“回到国内，什么都觉得亲，就连清早扰人的叫卖声吆喝声听起来也是那样亲切。”他说。

归根与背叛，这是两个迥然不同的词意，而在约翰身上却并存着。

写给约翰的话：当秋风从身边吹过，有时寒意会刮疼我们的皮肤，但我们仍然会对秋阳充满感激，对春天充满期待。不是吗？无论怎样，都要勇敢地面对生活，相信你能做到。

那时的我，像一位人生导师。

终于，在夜幕降临之前读完了《带一本书去法国》。

这书名对我是那样的熟悉，就是我当初拟下的创作题目。天底下竟然有这等巧合的思维，而且带的那本书，同是《九三年》，我晕了。

构思撞车，于我已经不是第一次了，而且撞得如此绝美，不留半点遗憾。看看，我有多走运！

泰戈尔说：

“世界以痛吻我，要我回报以歌。”

纯粹的强盗逻辑！凭什么？

你用痛伤了我，还要我用歌声回报于你？！

泰戈尔真是糊涂了，或者是翻译出了问题。

最起码，我不认同！

一觉醒来，浑身疼痛，夜里寒凉了。

发烧，38’C ，够狠。

打点滴！

如果你想了解一个人，不妨和他去共同经营一件事，最好是带着点利益的那种。包你一切都看得清清楚楚。

看清之后的心凉是帮助你认识人性最好的处方。

这个世界，人性是经不起考验的。只是你没想到输得这么惨！

上帝造人时就埋下了伏笔。

听马修·连恩的——
《Bressanone 布列瑟侬》

我站在布列瑟侬，
夜空中繁星闪烁
那些星星
也许在另一边照耀着布列瑟侬
请你温柔松开手，
因为我必须远行
尽管火车带着我离去
但我的心却无声地留下
Wo，我的心无声地留下
月亮长长升起，我将星辰抛在身后
让它们点亮你和天空
请你温柔地松开手
因为我必须远行
尽管火车带着我离去
但我的心却无声留下
Wo，我的心无声留下……

歌曲的尾部，是渐行渐远的火车汽笛声和铁轨震动传来的隆隆声——

不知道为什么，每次听它心里都很难受。

那曲调穷尽了天下所有的流浪，我说：他怎么可以唱得那么委屈？！

那一年，加拿大为了让出土地，下令驱赶居住在布列瑟侬森林中的狼群。大批的狼群被赶出家园。加拿大音乐人马修·连恩与一些音乐人联手出版了歌曲专辑——《狼》，“布列瑟侬”是那专辑中的一首。

狼群被迫离开自己的故乡，迁徙，带着忧伤，带着无奈中的哀怨——

布列瑟侬是马修·连恩母亲的故乡，因此他对那片土地饱含深情。网上说，这首歌的背后还有马修·连恩自己的爱情故事。几种元素拧在一起，再通过马修·连恩那清冽醇厚的男中音唱出来，很容易让听者沉入其中，那份忧伤、委屈在火车的嘶鸣及铁轨远去的隆隆声中更加让人痛彻心扉。

认真看了歌曲的来历，才明白，是什么撞疼了我。

是谁说过：

狂欢是一群人的寂寞，寂寞，是一个人的狂欢。

午后的阳光洒在圣劳伦斯河上——

休息日，带着 Jessica 和 Sophie 沿着离家不远的圣劳伦斯河（Saint Lawrence River）徒步。河水湍急，有几只绿头鸭和大雁在河中戏水。

圣劳伦斯河是位于加拿大和美国境内的一条大河，起源于安大略湖，流经 Montreal、魁北克，在加斯佩注入大西洋。

加拿大人称圣劳伦斯河为母亲河。

三年前，为了两个小家伙能上一所好的私立学校，我们搬到了西岛的最西边，圣劳伦斯河畔。

我时常会和两个小家伙在休息日的阳光里来到河边看

小动物们戏水，往河里抛石子，看皮艇船靠岸……

很有趣的一件事。

Sophie 说她很想拥有一条自己的船。

美国作家安•兹温格在他的作品《奔腾的河流》里写道：当一条河伴随着你成长时，或许它的水声会陪伴你一生。

坐在高大宽敞的起居室窗前写作时，我喜欢披一条当年从卢森堡带回来的羊绒围巾。卢森堡气候温和，风景优美。我们去时，恰逢春季，到处都在鲜花盛开。为此，卢森堡还有“花都”之称。我觉得他们出产的羊绒围巾的确好，既保暖又美观，披在肩上软软暖暖的，贴心。

我常说，我雌雄同体。

第一次在巴黎卢浮宫里看到那尊雌雄同体的雕塑时，我以为那是雕塑家的笔误。后来才明白，那是雕塑家在借助他的作品阐述一种理论思想。

雌雄同体，是说一个男人或者一个女人，他（她）不再依附于另一半去活着，他（她）完全可以依靠自身去完成她（他）的人生。最近读到一些文字，说人修炼到一定的维度，才可能雌雄同体。我觉得是熬到了一定年龄，经历了所有的风雨之后的一种人生状态。

飞行十三小时后，回到北京的家。

一觉醒来，竟是中国时间早上 5：20 分。这是从加拿大回国后倒时差睡的最长的一次。

又回到自己往日的空间里，有一种放松的踏实感，很怪。是不是因为我的根在这里？清晨，闹市中的鸟鸣听起来都那么的悦耳，有一种淡淡的亲切感。

超大的写字台上凌乱地堆积着书籍，浸满了岁月的痕迹。我喜欢书房的这种凌乱状态，似乎。很怪。

《爱》不是小说。

这本小书1971年正式出版的时候，那时，法国女作家玛格丽特·杜拉斯正逐步远离小说。

《爱》缺少通常的情节支持和传统的叙述语言，是一个没有故事的故事。

一处海滩，三个人。人在大海与城市之间，远处有个入海口，更远处有个堤坝。（为什么在杜拉斯的小说中总是出现堤坝？）故事展开，二男一女。一个男人站在沙滩的一条木板路上，看着沙滩和大海。另一个男人沿着海边走着，迈着一成不变的步伐，来回行走在同一段路程上。一个女人背靠城市和沙滩相接处的一堵墙，闭着眼睛坐着。“一个三角形在这两个男人和闭着眼睛的女人之间形成。……由于那行走的男人不停地在走，迈着一成不变的缓步，三人之间的三角形时而变形，时而复原，却从不被打破。”

第一次读《爱》时，我还很年轻，只觉得它荒诞难懂，像读影子。几十年后的北美初春，再一次翻到《爱》时，猛然醒悟。晚年的杜拉斯在写她自己，那二男一女，不就是她和她的男人和那位在她六十八岁时推开她房门的杨·安德列亚吗？那时的杨·安德列亚二十七岁，是一位青春年少的大学生。他给杜拉斯写了整整五年的求爱信。

他们信——

她叫他“杨”

杨·安德列亚一直陪杜拉斯走到生命的最后一刻。

她走后，杨消失了。

这就是人世间。这就是叫人欲罢不能的情与爱！

这就是玛格丽特·杜拉斯。

在 BC 省的 Victoria——

早起，天还没亮，听到手机传来的铃声，才知道，今天是中国的小年。

突然有一种想家的感觉。而家又在哪里呢？满心的茫然。想起不久前小薇发来的一条短信，信中说了同样的话。

问得好！想家了，而家在哪里呢？

我对 Bair 说：我想家了！

Bair 瞪着他那双西人的蓝眼睛问我：你想哪个家呢？是 Montreal 的家？还是北京的家？还是海岛上的家？还是—

我无家可归。

其实，这才是真实的心理状态。记得在国内时，也说过这话，在姐姐身边。姐姐一脸的诧异：你那么多家，怎么会无家可归？！

从小，我就是一个孤独的孩子。

母亲说她生下我，是让我与姐姐在人世为伴。

侄女说：她活在她自己的世界里！

当然，这个“她”指我。

生而为人的孤独，走不出的另类，还没准备好那种向死而生的勇气！

如今，一晃十多个年头过去了，北美早已是心中界定的家园，生命最后的栖息地。随着年龄的增大，向死而生已经不需要勇气，而是一种自然状态了。

此心安处是吾乡！

从温哥华去维多利亚（Victoria)）有两种方式：一种是坐渡轮，要在海上航行 2 个多小时；另一种形式是坐飞机，飞行 30 分钟。当然，是那种小飞机，载十几人，两排座，有些颠簸。从飞机的舷窗往下看，碧蓝的湖泊一个连着一个，像一串美丽的水晶项链，又犹如海藻散落在大海中打开的花伞，一朵一朵开得很 Pretty。

从飞机上看温哥华，这个加拿大的城市像一颗珍珠嵌在群山之中。而 Victoria 又像是游离在一旁的小菊花儿。说它小，是因为整个城市只有八万多人口，它与温哥华隔海相望，是温哥华岛上的一座花园城市，美得如画一样。

Very beautiful！

在写这些文字时，我又一次看到 11：11，在北美的 Victoria.。外面是温暖的阳光，从露台的角度望出去，能看到对面绿荫树里露出红色的尖屋顶，很美。

对面街道上的樱花谢了，粉嫩的花瓣落了满地，拥挤在马路牙子边上，像是在聚会。

想起昨天对 Bair 说的一句话：“樱花落的时候我走了，

等樱花再开时我就回来。”

还可能回来吗？

我知道说那话时，我是有口，但无心的。

梭罗在《瓦尔登湖》中说的那句话，现在再读有了新的感悟。是的：你的心决定你想要谁出现在你的生命里，而你的行为又决定最后谁能留下。

那么，谁能留下呢？最后。

也许谁都不能，至少现在是。

最后的晚餐，最后的厨房，最后的红酒杯……

一切做完之后，有一种无名的青丝般的怅然。因为我知道，明天的一别，将是我与 Bair 的永别。

生命如流水般走过了，转眼是满目的绿色，继而又会是秋风瑟瑟，白雪皑皑……

再见了，Victoria！

再见了，Bair！

生之日——

不可思议，我竟是一位六张的人了。

应了那句：活着活着就老了。真惨！

人生竟这般不抗折腾，还没怎么样呢，退休了；还没消停下来呢，人就老了。岁月真是如白驹过隙，转瞬就是百年。

尽量把生活过得好一些吧，全部的理想，梦想到最后都得给生活让路！

时光里的忧伤——

尼采说："每一个不曾起舞的日子，都是对生命的辜负。"

我读不懂时光里的忧伤，却清晰可见自己生命岁月中的那些寒凉！

生活是真实的，无奈的，残酷的，有时甚至是无助的，不是你想起舞就能起得来的。

就想啥也不干，守着大海看电视，一集又一集。（笑）

沉寂这么久，今天早上终于开笔，写下《我与这片海》

傍晚从海边回来，灵感涌动，定下书名：

《赤道南&度寻梦——黎杨域外散文集》，我愿意用这个&代表 8。

终于登上去古巴的飞机——

古巴，凝结着一代人的情感，它是那一代人心中一个不了的情结。

人的一生终其所有生命的长度，可以打开多少个情结呢？又有多少人有机会有能力打开呢？

我是幸运者。

古巴，海边——

如果没有记错的话，今天是 5 月 8 日，应该是我的又一个生之日。

早起，披上毛外套，拿上相机，戴上帽子走出房间，Jessica 和 Lula 还在床上睡着。

清晨的酒店（度假村）很静，映入眼中的是碧蓝的游泳池和树影婆娑的椰子树。拍了照，给大海。然后信步在海边走着——

海风吹过，一身的清爽，惬意中有一份轻松和怀念。也许，在心里永远抹不去两年前第一次关于古巴的记忆。

独自来到餐厅，要了一份鸡蛋卷和一杯牛奶，看到昨天那对西人老夫妇。

“Good morning!”我们相互问候，像多年的老朋友。

“Did you sleep well at night?”老先生风趣地问我。

“Yes, I did, andd it’s a beautiful sleep”，我答。

午后的阳光妩媚温柔，独自来到海边，舒适地躺在躺椅上，读莫迪亚诺的《缓刑》。

莫迪亚诺是法国现阶段一位重要的作家，2014 年诺贝尔文学奖获得者。

古巴，海边，复读《缓刑》。

这本书曾被我带到美国的罗切斯特，后又跟随我回到加拿大，再到古巴。不厚的一本小说，读起来似乎并不轻松。一则，莫迪亚诺不是我熟悉的法国作家；二则，他的写作确实如评论家所言，诡异，神秘，让人琢磨不透。

读它，我的脑海中又出现那个我错过的作品《我与阿蒙的夏天》，边读边思绪不断。作家经常会在别人的作品中找到自己的创作灵感，看来这话有道理。

海风温馨地抚过肌肤，让我的思绪走得很远。从北京家的庭院到加拿大 Montreal 漫天的大雪，再到古巴的炎炎夏日与碧波荡漾的大海，重叠的时空，不同的记忆，梦幻般的映像,是构成作品的首要因素吗？

神秘的外墙，树丛纵横，常春藤蔓延，亮着灯的窗户，高高的栅栏门，影影绰绰的花园，模糊的剪影，痕迹，不大不小的喷泉……

这些令人浮想联翩的生活片段，这个画面应该就是《我与阿蒙的夏天》的画面，还有竹林，小溪……

静静地坐在时光的角落里想这些时，心是软的，软得如海边斜落下来的夕阳。

透过云层的太阳把海面染得金黄——

……沿着大西洋行走的时候，时常会想起一个未曾谋面的人。看到途中休息站路边停着的那些大小形状各异的房车，我会不自觉地想起我与他在微信中谈过的一次次远行……

人与人的相遇很怪异，不经意地走近，生命中的湖泊就会荡起几道涟漪。喜欢夕阳下站在湖边观望，涟起漪落间，湖面就会有嵌着霞光金边的水波飘动，夜晚的星空下很魔幻……

卡夫卡式的神秘与恐惧——

卡夫卡生前最好的朋友马克斯•布罗德先于卡夫卡出名，他帮助卡夫卡联系出版社，死后又写传记，帮助人们驱除对卡夫卡阴暗、孤僻、压抑的负面印象。

“我们需要的书，是一把能够避开生活冰海的利斧。”

“卡夫卡成功地以一种非故事的方式将自己内在的恐惧表达出来。这种恐惧很奇异，它有时可以是一种美妙的灵感，阴暗的忧伤和滑稽的自弃，这种双重性一直存在于卡夫卡的身上。卡夫卡式的写作方式通常是一种充满了恐惧与苦涩的膨胀，然而卡夫卡的故事尽管阴森冷酷，却常常是有趣的，值得回味的。”

有人说他是一个很好的倾听者，忠实的朋友。但他又是不可接近的。作为复杂情节和精神疾病的混合体，他给人的印象是疏远、优雅、平静，有时是圣洁的。

这位生活在布拉格的犹太人，给后人留下了多少谜团？

十月的 Banff 会下雪吗？

我问。

早醒，懒在床上，看手机里亦舒的文章：《等你》。轻柔的句子，软软的时空，却传递着一个关于爱、关于等待的故事。

四年等一个人是怎样的一份情怀？

就如她，这期间，文章的那个她也曾在无数个寂寞、落单的夜后走向凡尘。穿艳俗的红裙子去参加朋友的派对，也曾被风度翩翩的男士追随，也曾与他们无所不谈，由陌生人变成老朋友，甚至谈到婚姻。但她那颗爱着的心却从未敞开。

她说她不能。

清淡的描写中，就连文字也是那样文弱，力透纸背的是那颗曾经爱过的心。

曾经沧海难为水，除却巫山不是云。

Banff（班夫）盘卧在洛基山脚下，邻近的路易斯湖和卡纳斯基斯县也令它更添魅力。去班夫，千万别错过石林和迷人的岩石尖顶，还有那碧绿色的翡翠湖。

飞行，又一次抵达卡尔加里（Calgary）。

这是连接国家公园和城市的时光门。

街头那处雕像极具风格，还有那个新建的图书大厦。

在机场提车，然后进山。

刀锋似的山脉出现在洛基山口，想起台湾导演李安拍的那部《断背山》电影，这里是那部电影的拍摄地。

突然就泪流满面——

你这是怎么了？迈克·乔不解地问我。我自己也不解。

依然泪流满面——

山口很静，静得脱俗。湛蓝的天宇，群山环绕的大地。

我就那样像个孩子，哭个不停。

为影片里两个男人间发生的故事，为那活着的一位终于打开死去者的衣柜，也为那挂在衣柜门后面的两件他与他相拥的外衣——

没有离别，也没有伤感，就这样自然而然地道别后各自登机。

相信时间会愈合一切伤口。

不说什么，把一切交给上帝。

拥者，自得。

失者，使然。

总是把他与那个思念的人隔离，面对，再没有一年半前的撕裂。痛感消失的时候，爱也不复存在，一切都变得轻松起来。

两个走在路上的旅人。

也许，有一天，他会对我说——

也许，有一天，我会对他说——

也许，什么都不说。

佛说，如果事与愿违，请相信命运一定另有安排。

Really？

“远足，是换一种方式，让精神突围。”

思想的远足更是如此。

《行走洛基山》写完了，我也完成了我的涅槃。

一声长叹！

想起作家朴树言的一句话：“我还是对悲伤非常敏感。”

一条丢失的裙带，一个眼镜腿……

中国农历立春时，北美 Montreal 还在雪国。漫天飞舞的雪花，从天庭飘落下来，纷纷扬扬，落满了整个天地间。大地洁白，白得像个不谙世事的孩子。

另一种美，雪国的美。美得豪气，美得纯粹，美得一尘不染。

这是雪国的品质。也许，哪一年雪绒花又会盛开了。

北国的冷，像一条硬铮铮的汉子，淳朴低调，没有丝毫的张扬，但带给大地的却是无限的雪国风光。

我赞叹雪国的美，它比之南国的温柔更具男人气概。它毫不吝啬地敞开胸膛，洒落人间无数的阳刚……

在这样的一个冬日，邂逅，总给人一份寒冬里的温暖。也许是上帝的派遣，雪之舞者的畅言。

冬日里，午后的阳光斑斑驳驳，仿佛静止的岁月。

一份“狗”的礼物！

“挣钱买酒，请我小狗，和你一起解百愁。”

谁说的？

中国年的时候，北美的蒙城大雪纷飞。

似乎心底总有那么一丝抹不去的惆怅。是乡愁？

我是个没有国界的人，喜欢在“村子”里闲逛。

感慨这北美多情的雪花儿，纯、柔，像少女在天地间起舞；也感慨这一方异国的土地上的风土人情，与以往几十年东方生活的不同。世界的多样性，造就了多元文化，就像花园里的花儿，总是千姿百态，姹紫嫣红。

想起刚刚走过的海洋三省，加斯佩的旅行——

“哪有什么岁月静好，不过是有人在帮你负重前行！”这句话说得多好，没有一个人活得轻松，人生就是一场没完没了的苦行。

“其实人跟树是一样的，越是向往高处的阳光，它的根就越要伸向黑暗的地底。”

找一处圣地，安放自己流浪的灵魂！

早起刷短视频，听刘索拉说她一个人去飞机场就特兴奋。我也是，不论去哪里，只要飞机起飞、火车启动，我就会莫名地兴奋。从小到大都这德性。

夜听杜普蕾大提琴曲《缠绵往事》，总有一种神秘的幻觉和深邃的意境。想起关于她的那部电影，秋思缕缕，落叶缤纷……

缠绵往事，在舒缓而优雅的音乐里悄然飘落，在心灵的某个角落里舞起那一抹海蓝色，往事如烟……

就这样，一片叶
就这样，一个人
就这样，一道风景
就这样，沉醉——

音乐是上帝对人类苦难的一种补偿，在音乐的长河里，思绪也跟着孤独漂泊了。

人生短暂，想起女儿去法国读研的那年，是秋天。多么希望那个秋天再来。因为那个秋冬是我为父母准备的，只可惜，永不会再来了。

今天，姐姐来，又让我想起那个计划好的秋冬，那个为父母准备的秋冬，北京的秋冬……

心，疼得滴血！我愿用生命的长度去换回那个秋天。

只是，时光无法倒转！

心中住进来无限的感慨，再度回到北京家已是五年后，五年的时光就这样闪过了，真快！这房子里承载了多少时光的印记啊！

飞机上写小说：

差 5 分 10 点，飞机准时从 Edmonton 起飞，13 点多降落在曼尼托巴的 Winnipeg 机场。

这个机场我应该来过。七八年前，我和朋友彼得来过，在这里度过了我旅居北美的第一个假期。

那也是个冬天，有雪，很大。我写了一篇散文《温尼泊的早晨》，发表在加拿大华人报纸和中国的文学刊物上。

在温尼泊，我跟彼得去打球，第一次接触当地的印第安人，我对他们很好奇。我想走进他们的生活，了解他们部落的历史。这也是我和彼得来到温尼泊的主要原因。彼得告诉我说，温尼泊的印第安人皮肤是红色的，红种人。

从小我就是个好奇心很重的孩子。

那些印第安人对我也很好奇，他们猜测说我是彼得用钱买来的女人。（笑）

我想当我离开，会让这种猜测变成事实。

可怜的彼得！

那栋在BC省的小白房子，让我想起密西西比河美丽的河弯，和河面上呼啦啦飞起的鸟儿以及河对岸给那些鸟儿投食的西人老夫妻。

是怀念，还是回忆都不重要了，重要的是经历，那拓印在心河上对情感的体验和对人生的理解。

如果命运让我与这白色的小屋结盟，我也将万分感激。

落地门对着户外的雪地和松树林，雪地和树林上空是晨曦和落日的晚霞，霞光清纯得如处子一般，超级的干净。这是天空与大地之间奏响的乐章。

一片静谧的公园，偶有人在雪地上牵着狗儿散步。白茫茫一片真干净！

人生的路变幻莫测，从亚洲到欧洲，再到北美，身后的脚印有多长——

岁月洗涤一切，消磨一切，包括我们的生命。望着镜子里苍老的面容，问天，上帝还能给我多少时间？

有人说过这样的话：每个人的人生走到最后都是一场血雨腥风！

想起母亲对人生精辟的总结，一个字：苦！

谁也逃不脱。

小说结尾：

“我累了，想走了，让我走吧，下辈子我们也不要再见了。”

她说得细语轻风。

想起张爱玲的那句话：

“生活就是一袭爬满了虱子的锦缎长袍。”初读这句话时甚是不解，现在越琢磨越觉得精准！

与三五好友，在有生之年，一起去看看这个美丽易碎的世界吧，不论真假，总是来过了！

从前有座山。

这么多年，我一直试图超越这座山。但是，很难。

看来，这辈子，我都无法超越这座大山！

我试图用文字去祭奠她，我也写下短文，泪洒衣衫，在每一个清明节。但是，我的那些文字在她面前是那么的苍白无力。直到有一天，在美国罗切斯特，我把这些说给美国博士听时，他言：你母亲经历的都是生死！

这么多年，忙着奔波，忙着工作，忙着生活，忙着孩子，总是想再等等，等有了大块的时间，再坐下来好好听他们讲讲——

记得有一次我借外出采访随路去探望他们，那天，父亲刚开了个头，我一听太重要太有价值了，而我没有做任何录音准备，就叫停了，没想到这一停就永远地停下了。

抱憾终生！

是不是上帝记错了？童年仿佛就在昨天呢！

记得五十岁时，我正在荒原采访，接到女儿从法国巴黎打来的越洋电话，面对女儿的祝福，我满脸的惊诧，因为那些年，我一直把自己定格在四十五岁。

一定是上帝搞错了，我要重新数数岁月和时光！

时光都去哪儿了？

弹指一挥间。

孩子的生日，母亲的难日。天上的母亲可否还记得这个日子？

生养之恩，无从报答了！

莫言在他的小说《晚熟的人》中写道："本性善良的人都晚熟，并且是被劣人催熟的。后来虽然开窍了，但也仍然善良与赤诚，不断得寻找同类，最后却成了最孤独的一个……"

我就是那个晚熟的人哪！

零点，窗外

风铃声声，敲击冬夜里的梦。
寒风骤起，搅过空中的星。
白雪皑皑，映万家灯火，
霓虹闪烁，节后余晖处。

这北美的长夜啊，无处安放的心绪里回荡着无处不在的空茫。只闻滴答的时间在耳畔悄然驶过——

生活一定要有目标吗？不一定。

灵魂孤独地漫游，像一朵云，在这人世间。

云是没有目标的，但它活着。

一路向北——

我这一生，好像注定和这个“北”字有关。

老话说，人争不过命。年轻时不知“命”为何物，只是听老人们常提起。稍大一些时，觉得是他们面对生活的无奈，给自己找的借口。现在自己也老了，这命不紧不慢，不慌不忙，不急不躁地就摆在眼前。

你信也得信，你不信也得信。

也许，这就是我的宿命！

又是一年的“端午节”。

这是一个怀念又感伤的日子！

怎样的绝望才促使了那纵身一跳？

衷肠？傲骨？还是那心头抹不去的悲凉？！

听那音乐，丝丝入心——

每一个移民，心灵或多或少都在经历与原有文化的撕裂，这是一种无奈的走远，也是站在另一角度重新的审视。没有对错，没有好坏，只是不同。

想到还有些书票没有用完，带上单位发的那张购书卡，去学府书店。

……

还真买了不少好书，都是欧洲作家们写的。

因为去了欧洲，就对那些曾经陌生的地方和人物熟悉起来，甚至有些老朋友的味道！

扛着一大捆书回到家。翻着看着，似乎找到了一种故友重逢的感觉！

让心中的苦涩在欧洲的大地上奔跑起来，也许心就不那么苦了。

笑，没有生死，但有好坏！

把笑能写成生死的人，挺好的！

以上是我从海岛海运过来的那批书箱里翻出来的一个笔记本里的片断。笔记本是棕色的，封皮上印着“黑龙江作家协会”的字样。可能是海边潮湿的原因，本子的封皮有些龟裂。我拿起它，放到鼻下嗅了嗅，一股大海的气息扑面而来。我的心颤动了一下，那是远在地球另一边的一片海，那里有我曾经的梦想，有我早起去海边看日出走海的足迹，有我在它身旁读书写作的日子，有我对那片海的痴迷——

那片海连着太平洋，太平洋连着大西洋，大西洋进入加拿大后形成的内陆河叫圣劳伦斯河。我和孩子们就住在圣劳伦斯河的河畔……

从海到洋再到河，是从亚洲到北美，横跨半个地球。

心被什么拨动了，起身下楼，走到厅里摆放的一角，那上面都是我带回来的海洋纪念品。我拿起一只大海螺，放到耳边，霎时，我又听到那片海的呼唤——

四月，又一个北美的春天来临。所有的生灵都被唤醒，包括原野上的那些树。又一个春天来临，人们步入。农人忙着春耕，工人忙着建筑，学生们忙着新学期的学业，马斯克在忙着往火星上运送地球人，我也忙着心里的播种。时光旋转着，移动着，一个接一个的年轮，衔接成一个又一个无法更改的周期，大潮般涌动，向远奔去——

完稿于 2024 年早春四月 Montreal

摘录——

作家有两个自我：实际生活着的，小说里的。两者的关系颇像鲁滨逊和星期五。一个是另一个的仆人；也像少年派和他的老虎。一个是另一个人的敌人和朋友。小说中的作家透过纸背审视创作他的人，直到他冷汗涔涔，只能坦诚相对。

作家和政治应该保持怎么的距离？

两类：一类是加缪式的，另一类是博尔赫斯式的。

加缪说："当我只是一个作家，我将不再写作。"在他眼里，写作的过程是和政治抗争的过程。这让我想起古尔纳的那句："在政权面前保持沉默，是不愿为奴的尊严。"

博尔赫斯：他一生避免与任何现世的斗争和意识形态挂钩，对于贝隆政府，他只是低下眼帘，盖住日益失明的眼睛说："贝隆主义不能说是对还是错，关键是他已无法改变。"

加缪承受历史为人民写作，这并没有减少他文本的纯净；博尔赫斯恪守一个写作者的本分，不额外承担任何社会义务，而丝毫没有降低他在文学史上的价值。

作家有权力保持自己的遗世独立，同时，他也必须和生活的时代有某种同频的互动。这种互动，不是来自于意识形态的召唤，不是对苦难者的代言，不是推翻现有政权的野心，而是听自己良知觉醒的声音，诚实地把它记录下来。

记录本身，即已是反抗。

作家没有改造社会的义务，他们绝大多数时候也没有这种能力。但作家有以诚实反抗社会的义务，有以真正对时代保持悲观的距离的责任。对作家而言，比起改朝换代的革命，他更应该关心的是那些革命改变不了的，永恒的人类苦难。

对照上面，我应该属于哪一类作家呢？

作家的我

后记

放下笔时，北美的四月到了。

望向窗外，春雨淅沥，大枫树泛青了，枝条上孕育了密密匝匝的蕾包。

春天真的到了！

大雁北归。原野上、庭院里的草儿似乎都在睡了一冬的梦里醒来。

昨天去离家不远的小树林里散步，偶见枯草地上开出一小片鹅黄色的花儿来。那么嫩，它们在枯草中顽皮地伸出圆圆的头来，像在对新来的春天问好！Cute。

没有“落霞与孤鹜齐飞，秋水共长天一色”的壮美，春之人间是清新的，处处勃勃生机！

我期待春回大地的绚烂，期待满眼春色的人间，期待“回首向来萧瑟处，归去，也无风雨也无晴”的人生终极。

猛然悟到，也许我的另一个人生从这个春天开始，包括我的文字。因为，我是一个晚熟的人呢！

《心灵独白》中，引用了一些智者的名句，查不到出处的，没有一一标注，在这里一并谢过了！

早期的《心灵独白》在国内的文学期刊及报纸副刊上发表过，最早使用的标题是《陈述心灵》，后改为《心灵独白》。

在这个标题下，陆续发表了一些零散的篇章，记录我从拿起笔写作到走进文学杂志社、报业集团那些年的心理历程和一些自己喜欢的，记录我人生及写作的一些片断，后收集成一本书稿，以Word文档的形式存于我手提电脑的桌面上，还拷贝了U盘。

北美十年走过，突然有了一种将它出版的冲动，但我却打不开了手提电脑，连那拷贝的U盘几次搬家也不明了去向。几经周折，当有一天终于打开了手提电脑时，却被告之系统重新格式化了。

无奈，只能重新整理北美这十多年来的《心灵独白》了。

也好，活在当下，总比活在对往事的追忆中有价值。

也许，一切都是上帝的安排！

我说，“为古老的夜晚，和远方的音乐”干杯！

写于2024年4月11日加拿大Montreal

附：（第 22 页，有关 Sophie 给我画的三张纸板画）

（这时的她很小，我还年轻。）

（这时的她长大上学了，我老了。）

（这时的她已经长成大姑娘了，我更老了，住在医院的病床上，她一边照顾我，一边背过身去难过。）

附：（第 22 页，有关 Sophie 给我画的三张纸板画）

三张画的背面是很洒脱的连笔法语，Sophie 说是她跟妈妈学的。每一张上面写的都是：Je t’aime!

www.ingramcontent.com/pod-product-compliance
Lightning Source LLC
Chambersburg PA
CBHW021712190726
48289CB00008B/2486
9781738193806